超人の倫理

〈哲学すること〉入門

江川隆男

河出ブックス

目次

はじめに 5
序論　超人への倫理 13
第一章　道徳《モラル》と倫理《エチカ》の差異 35
第二章　超人の身体 71
第三章　超人の認識 117
第四章　超人の原理 165
結論に代えて（実験としての超人） 203

あとがき

はじめに

私は、十代の頃からとにかく人と同じ方向を向いているのが嫌でたまらなかった。学校の教室内がその最たるものでした。つまり、全員が同じ椅子に座って教壇の方を向いているような状態。とにかくみんなが一方向を向いている状態。それは、私にとっては、耐え難い意味、方向性をもって現われたのです。

それ以上に嫌だったのは、全員が目に見えないものに向かって同じ方向を向いていることです。それは、人と同じ意志や欲望を植えつけられることであり、また、その結果として同じ理想的な未来像へと近づいていくべく、そこへ向けてひたすら努力し邁進していくことでした。

このような一般的人生のなかを生きていくことは、私にとっては、自分の一つの生を生一般のなかに溶かし込んでしまうこと以外のいかなる意味ももたないように感じていました。

積極的にであれ消極的にであれ、とにかく社会が提供する固定した問題——とりわけ人生の送り方に関する問題——に応答した人生、その答えとなるような人生に抗して、つまり私たちの外部から与えられ押し付けられる〈善／悪〉に抗して、どのように喜びや幸福を得ることができるのか、これこそが自分の生そのものであったし、今でも半分はそう思っています。

しかし、それは、あくまでも半分なのです。というのも、それは、自分という一つの個体を中心とした「〈私〉中心主義」、いわゆる一般的に言われる「個人主義」の立場を擁護し、それに固執しようとする態度にほとんど還元されるようなものでしかなかったからです。これだけでは、歴史や社会や習慣に対して、単にそれらの後を追っかけ、それらが生み出した線を依然としてなぞっているだけです。

言い方を換えれば、私がそのとき感じた感覚は、何とか社会や習慣に先立って生きようとする仕方、あるいはその生存の様式を追求することだった、と今では理解しています。このことが、他人に対していつも例外性を示しつつ、他者に対して不可解な者になりたい、という気持ちとして現われていたように思います。

言い換えると、それは、模範解答を拒否し、与えられた問題をすり抜け裏切り続けて、そうした問題よりも少しでも本質的な問題を構成し提起すること、そんなことであったような気がします——しかし、それこそがまさに哲学であり、倫理学なのです。

最初から抵抗や拒絶が問題なのではありません。一つの生を、つまり何よりも自己の生を肯定することと、そしていかにその肯定的な姿、すなわち様態を形成するのかといった問題が第一であって、その結果として、偶然にも抵抗や拒絶といった態度が生まれるのです。こうした生の様式を生きようとすると、おそらく個人は、相互に不可解なものとなるでしょう。

しかし、ニーチェは、それこそが自分の道徳、倫理だと言うのです。彼は、きわめて明確な言葉で次のように述べています。

> 人間の目的を決定しようとする限り、人間の概念が前提とされる。しかし、存在するのは個人だけである。そして、現在までに知られた個人から人間の概念を得るためには、個人性を捨象しなければならない、――したがって、人間の目的を設定することは、個人が個人化することを妨げることであり、個人に一般的になれと命ずることである。個人というものは、むしろ逆に、人間よりも高い種属に到達するための、しかももっとも個人的な手段を用いての試みではないのか。私の道徳は、人間からその一般的性格を徐々に奪い、人間を特殊化することであり、或る程度まで、或る人間を他の人間にとって不可解なものにすることである（そして、そのことによって体験や驚嘆や学びの対象にすることである）[1]。

このニーチェの言説から二つのことをつねに心に留めておいてください。超人という「もっとも高い種属に到達するため」には何が必要か。
(1)個人が個人化すること。
(2)もっとも個人的な手段を用いての試み。

さて、人間の概念が人間の目的には不可欠なのです。例えば、人間が「言葉を話す動物」と定義されたならば、それぞれの人間は言葉を話せるようになることが目的として設定され、また、今度は人間が「道具を操る動物」と定義されたならば、それぞれの人間は道具をうまく使えるようになることが目的として設定され、……。

この場合の人間の概念とは、人間一般の概念のことです。それは、存在する諸個人の差異を捨象して得られる「人間」という概念です。したがって、人間一般の概念が獲得され、そこから人間の目的が設定されると、個人の目標は、ほぼその一般的な目的のもとに従属し支配されてしまいます。

こうした目的のために役立つすべての言明が、実は道徳として成立するのです。つまり、〈人間の道徳〉の成立です。このもとでは、個人が「個人化する」こと、すなわち「人間よりも高い種属に達する」ことが不可能になってしまう、とニーチェは言います。

この「人間よりも高い種属」とは何でしょうか。それは、まさに「超人」のことです。個人の個人化や個体化、あるいは主体化というのは、何よりも超人に達するための試み、実験以外の何ものでもありません。そして、それ以上に、個人の個人化とは何よりも「特異化」――このもの化――という変様を意味しているのです。

人間一般も、一般的人間も存在しません。存在するのは、ただ個人化する限りでの各個の個人だけなのです。しかし、それは、一般性が先にあるような個人のことではありません。つまり、〈私〉や〈個人〉といった言葉を前提として、最初から問題を立てているのではありません。例えば、なぜ「私」が存在するのか、といった問いのなかで表象されるような「私」という個人のことではありません。

そうではなく、それは、人間の道徳から超人の倫理への橋渡しのなかでのみ現われてくるような或る個人なのです。それは、「もっとも個人的な手段」を有することができる個人のことです。それは、いったいどんな個人なのでしょうか。本書のなかに登場する「個人」は、すべてこうした意味で用いています。

もう一度注意しておきますが、ここで私が述べている「個人」は、個体や個物を中心とした「個人主義」や「原子論」を改めて主張しようとしているわけではけっしてありません。個人のなかにしか存在しえない力能、そしてその特異な個人を通してしか作用しえない力を見出そうとしているのです。

こうした個のうちにしかない力を、本書を通して一緒に考えていきましょう。

さて、こうした力を考える限りにおいて、私がここで言う倫理学とは、芸術的であり、かつ革命的でなければならないような哲学のことです。そして、倫理学は、何よりも人間のこうした革命的側面についての第一哲学なのです。

アリストテレスは、形而上学を第一哲学と考えましたが、倫理学こそ、こうした意味においてまさに第一哲学なのです。フランスの哲学者、エマニュエル・レヴィナス（一九〇六－一九九五）も同様に、第一哲学は、形而上学ではなく、倫理学だと言いました。

本書は、道徳《モラル》と倫理《エチカ》とを明確に区別する力能を意識することを目指しています。本書では、人間のなかのこうした倫理の働きを概念形成することがまさに倫理学であると考えています。

そして、本書は、現行のあらゆる習慣（習慣化した考え方＝常識、習慣化した活動＝生活習慣）に対して別の習慣を提起したり、別の習慣に従うべきであるといった道徳的な議論を提供したりしているような書物ではありません。

私は、本書『超人の倫理――〈哲学すること〉入門――』という書名のもとに、私自身がこれまでにスピノザやニーチェ、そしてドゥルーズといった、言わば反道徳的な哲学思想を考察しながら、考えてきたいくつかの論点をなるべく平易な仕方で、哲学することの入門として読者の皆様に提起したいと思っています。そして、これらの諸思想を一つに総合する論点は、道徳から倫理を解放して、倫理学でしかありえない哲学を明らかにすることにあります。

これが、本書の副題が「〈哲学すること〉入門」となっている理由です。本書の問題意識をわかり易い事例から理解したい読者は、最初に「結論に代えて」を読んでいただきたい。


倫理作用は、けっして人間のうちで完結したような働きではありません。だからと言って、それは、単に超人のものでもありません。

それは、あくまでも人間のうちにありつつも超人への強度と方向性をもったものなのです。というのも、倫理作用は、あくまでも超人の原因となるような、人間のうちにある働き以外の何ものでもないからです。

そろそろ、私たちは、真剣に超人についての話をしようではありませんか！

序論

超人への倫理

もっとも心配性の者たちが今日問うことは、「いかにして人間はいつまで保存されるのか」ということだ。だが、ツァラトゥストラは、「いかにして人間は超克されるのか」と問うところの唯一の者であり、第一の者である。私は、超人に深い関心を寄せている。私の第一にして唯一の関心事は、ほかならぬこの超人であって、——人間ではない。隣人でもなく、もっとも貧しい者でもなく、もっとも悩んでいる者でもなく、もっとも善なる者でもないのだ。[2]

人間と超人との差異

私たちは人間です。だから、私たちは、人間らしく生きるのではなく、むしろ超人を意識して生きる努力をしましょう！　人間のふりをして、人間のように、人間的に生きるのではなく、超人の振る舞いを身につけようではありませんか。

超人は、人間よりも道徳的に優れた種なのではありません。そうではなく、超人は、人間の部分のうちにあって、〈善／悪〉の彼岸や〈真／偽〉の彼方への多様な働きそのもののことです。

本書は、ニーチェの次の言明を基本にしていると言ってよいでしょう。

〈非－真理〉を生の条件として容認すること、これは、言うまでもなく危険な仕方で日常的な価値感情に反抗することである。このことをあえてする哲学は、それだけで善悪の彼岸に立つことになる[3]［強調、引用者］。


私がこれから本書で述べていく事柄は、おそらく多くの人々の日常の感情とは合致しないことかもしれません。本書の多くの言説は、人間に均衡や知恵や知識を与えようとするものではけっしてありません。本書は、むしろそうした人間的な諸条件を乗り超えることへの誘いです。

しかし、それは、けっして不道徳なことを言っているのではありません。不道徳は道徳をいつも前提としています。というのは、不道徳は、道徳が作り出す諸々の境界線を踏み越えたいという欲求に支えられたものだからです。

それゆえ、不道徳は、実はきわめて道徳的なのです。それは、反対につねに道徳に対する意識をともなった活動だということです。

しかし、ニーチェが言っていることは、こうした不道徳ではなく、まったくの反道徳という倫理なのです。不道徳は、道徳から理解可能な単なる違反にすぎません。倫理は、道徳と不道徳との間の境界線を前提とすることはありません。というのは、倫理は、この〈道徳／不道徳〉の彼岸で生きる力能のことだからです。

生の問題、すなわち力への意志。（……）強さの尺度とは、逆の価値評価のもとでも生きることができ、この逆の価値評価を永遠に繰り返し意欲することにほかならない[4]。

ニーチェが言うように、〈善／悪〉や〈真／偽〉ではなく、それらに反するような〈非‐真理〉を生の条件とすること、それは、明らかに反道徳的であることになります。つまり、それは、恒常的に道徳に反することなのです。善悪の彼岸での反復。

善悪の彼岸で価値をもつ規則。永遠回帰は、私たちにカント的な規則のパロディを与えます。〈君たちが何を欲するにしても、それが永遠に回帰することもまた欲するような仕方で、それを欲せよ[5]〉。

それゆえ、この繰り返しの意欲は、まさに永遠回帰の試練であり、倫理学の課題となるのです。
不道徳は、いつも道徳の境界線を乗り越えるときに、「今回だけ、今回だけ」と呟きながら意欲するような弱い意志しかもっていません。これに反して、永遠の繰り返しを欲すること、すなわち日常的な価値感情に反して感じることは、けっして一回限りのことではありません。超人の感性のもとでもっとも大きな部分を形成している精神は、こうした強度を有しているのです。

哲学は、真理や善を大前提として発動する思考ではありません。ニーチェは、哲学が何であるかをはじめて規定した人であるとさえ言えるでしょう。こうした意味での哲学の歴史は、明確に意識化されてからまだ百五十年ほどしか経っていないのです。
哲学とは何か。それは、〈善／悪〉の彼岸を目標とすること、つまり、生一般ではなく、一つの生にもっとも近い此岸の〈よい／わるい〉を認識することです。
さて、ここで私は、人間と超人とを以下のように区別して定義したいと思います。

定義1　人間とは、歴史や社会や習慣が準備し与えるものに適応すべく、それらの諸問題に対して解答的な生き方を望むもの、あるいは、それゆえ歴史や社会や習慣の後に立って存在する様態のことである。

定義2　超人とは、歴史や社会や習慣が準備するものに先立つような生き方を欲望するも

の、あるいは、それゆえ歴史や社会や習慣に対して問題構成的で提起的な存在の
様式のことである。
人間は、若干の超人である。その若干の部分について倫理学があり、これを成立させる倫理の働きがそこにはあります。すなわち、〈人間の道徳〉に対する〈超人の倫理〉。
しかし、こうした道徳と倫理は、あれかこれかといった選択の問題ではけっしてありません。というのも、人間は、たしかにこの二つの位相を同時に確実に生きているからです。

倫理学の反道徳性Ⅰ――倫理は、善い生き方ではなく、よいものとの出会いを重視する

倫理とは、倫理学とは何でしょうか。それは、善い生き方一般を追求するような学問ではけっしてありません。そうした生き方をひたすら追求するのがまさに道徳学の仕事であり、課題なのです。

では、倫理とは何でしょうか。それは、〈よいもの〉と出会うことのための各個の個人のなかの或る働きなのです。そして、よいものとは、何よりも喜びの対象のことです。したがって、倫理学とは、こうした働きについての概念形成であり、またそれらに新たな言葉を、あるいは

新たな文体を与える営みのことです。

道徳における善い生き方は、倫理におけるよいものとの出会いの結果にすぎないのです。なぜなら、「善」とは、諸個人にとっての「よい」を一般化し抽象化して考えられた価値だからです。「悪」についても同様です。

〈よいもの〉とは、何よりも個人を喜びの感情に刺激するもののことです。では、喜びとは何でしょうか。それは、自分の為しうる力（＝本質）と自分の現実の実存（＝存在）とが一致する方向にあるときに自らに示される感情のことです。個人の本質が個的な力能であると考えてみてください。

これに対して、〈わるいもの〉とは、個人を悲しみの感情に刺激するもののことです。悲しみとは、自分の為しうる力（＝本質）と自分の現実の実存（＝存在）とが分離してしまう方向にあるときに、自らに示される感情のことです。

要するに、人は、自分の為しうる力が増大するときに喜びに刺激され、反対に自分の為しうる力が減少するときに悲しみに刺激されるのです。

そして、自分の喜びの原因となった、自分の外部に存在する或る対象は、その喜びの感情に刺激された者にとっては、単なる可能性のなかの諸々の物のうちの一つにすぎないかもしれません。しかし、そこには自分にとって何が〈よい〉のか、何が〈わるい〉のかを知る機会があるのです。

すべての人間に共通な「善」や「悪」は、当然のことながら諸個人の経験に先立って考えられ、想定されます。しかし、個人にとっては、何が〈よい〉か、何が〈わるい〉かは、けっして予め理解されているわけではありません。その人にとって或るものが〈よいもの〉であれば、その或るものは、その人にとってまさに出会うことしかできなかったものなのです。それを〈このもの〉と呼ぶことにしましょう。

倫理学の反道徳性Ⅱ――このもの主義

倫理は、一言で言えば、こうした〈このもの〉からはじまる力、作用、働きのことです。それは、或る新しさです。それは、或る喜びです。それは、或る愛です。それは、或る狂気です。それは、或る非常識です。それは、或る興味深い事柄です。

〈このもの〉とは何でしょうか。それは、「個々のもの」のことではなく、特異なもの、単独なもののことです。要するに、それは〈このもの〉ということです。誤解をおそれずに端的に言えば、他のものとの交換不可能性のなかで現われてくるようなもののことです。例えば、自分の親は、自分にとってはどの親とも代替不可能な、この親として存在しています。自分が大切にしているペットの猫は、単なる一匹の猫ではなく、この猫として現われています。

さて、実はここから重要な結論が得られます。つまり、倫理は、けっして「自由意志」を想定しないということです。倫理学は「自由意志」にけっして関わらないのです。自由意志を想定しなければ成立しないのが、道徳であり、道徳学なのです。道徳が前提とするのは、人間は、自律した責任主体として存立する限りで自由であり、かつ自らが原因となりうる意志を有しているという点です。

自由意志は、つねに選択可能性のなかでこそ発揮される能力です。ところが、選択し比較する可能性のなかで現われるものは、或る程度まで代替可能性のなかで認識される「個別的なもの」だと言えます。それは、一般性を前提としています。このようにして、自由意志が活躍する場が確保されるわけです。

したがって、意志とは、何よりも自由意志のことであり、また意志一般あるいは一般意志以外のことではないということになります。

これに対して、倫理学は、いくつかの代替可能な個別的事柄を具体的に表象して、それらについて選択に関わるような諸問題を立てたりはしません。そんな問題は、単なるヴァーチャルな選択ゲームなのですから。

倫理とは、個人のうちに〈このもの〉を見出したり生み出したりする力のことです。個人とは、こうしたものに触れて、生一般をではなく、一つの生を生み出すもののことなのです。そして、それは、特別な力ではなく、いつも日常のなかに存在している力、働きです。

そこへと注意を向ければ、私たちの倫理の力は、つねに作動していることに気づくでしょう。しかも、それはつねに反道徳的な仕方で働いているのです――善悪の彼岸。

諸個人のうちには、その「個人化」において人間を飛び超えたような、或る喜びの情動が、或る愛の感情が発動しているのです。それは、すべて〈このもの〉の本質である特異性に関わっているのです。それゆえ、私は、これを「人間の道徳」ではなく、とくに「超人の倫理」と名付けたいと思います。

倫理は、道徳とは違います。したがって、倫理学は、道徳学とは違います。

ところが、とくに現代では、この両者は、ほとんど同一視されているように思われます。あるいは、倫理は、完全に道徳学や道徳哲学のうちに回収されてしまっているかのようです。多くの人が道徳と倫理とを混同しているというのが、実情ではないでしょうか。

倫理の働きが見失われた時代なのです。しかしながら、道徳や道徳学や道徳哲学にけっして還元されないような倫理の働きがあるのです。そして、この働きなしには個人は存在しえないし、ましてや個人の個人化もありえません。この働きや作用を考えるのは、倫理学以外にありえないのです。

要するに、倫理は、必然的に脱道徳的であり、反道徳的だということです。

言い換えると、倫理を道徳と同一視する立場はまさに〈道徳学〉が有しているものであり、これに反して、こうした道徳を批判して、道徳と倫理との間に本性上の差異の線を引きつつ、その差異そのものを明らかにするのがまさに〈倫理学〉なのです。

ですから、倫理学にはつねに実験精神が溢れているとも言えるでしょう。倫理作用は、冒頭に述べたように、こうした実験性そのもののことだと言ってもよいでしょう。

西洋哲学のなかの〈倫理‐哲学〉について

こうした意味での〈倫理‐哲学〉――正確に言うと、〈倫理学‐第一哲学〉――を西洋哲学のなかで体系的に思考したのが、とりわけ一七世紀のオランダの哲学者、バルーフ・スピノザ（一六三二‐一六七七）であり、一九世紀のドイツの哲学者、フリードリッヒ・ニーチェ（一八四四‐一九〇〇）であり、また二〇世紀のフランスの哲学者、ジル・ドゥルーズ（一九二五‐一九九五）という人たちです。

彼らの思考は、つねに第一哲学としての〈エチカ〉の思考を基礎にして、哲学や道徳を、あるいはそれに関する人間精神を批判的かつ創造的に考察しました。

本書では、彼らの思想のなかから、スピノザからはとりわけ〈精神と身体の並行論〉と〈非意志主義〉を、ニーチェからはとくに〈遠近法主義〉を中心として、その倫理作用を描出することを目指しています。

そして、ここからわかることは、そのすべての倫理の力あるいは作用に関して、ドゥルーズが明確に論究したような、〈個別性－一般性〉（particularité－généralité）と〈特異性－普遍性〉（singularité－universalité）とを区別する仕方やその考え方が不可分になるということです。〈このもの〉とは、まさにこの後者の〈特異性－普遍性〉のもとで考えられるものの有り様です。

さらには、この〈個別性－一般性〉と〈特異性－普遍性〉との差異を縦糸として考察された、〈精神と身体の並行論〉を倫理作用Σ《シグマ》として、〈非意志主義〉を倫理作用Π《パイ》として、〈遠近法主義〉を倫理作用Ψ《プサイ》として、それぞれがもつ価値転換的な問題を、独自の仕方でここで明確に提起したいと思っています。

ここで言う「独自の仕方」とは、これらの思想が経験論的水準においてどのように反道徳主義としての倫理作用をもつのかということを一貫して示そうとしていることにあります。

言い方を換えると、その独自性は、本書で扱うテーマのすべてが〈善／悪〉ではなく、〈よい／わるい〉の位相に明確に関わっていることを論じているからでもあります。

本書の基本的な視座は、彼らの〈倫理－哲学〉の本質を、単に経験のうちに求めるだけでなく、新しい遠近法から使用することを目指している点にあります。

解答型人間と問題提起型人間

それにしても、道徳とはそもそも何でしょうか。これに答えることは難しいでしょう。というのも、道徳は、必ずしも自明な事柄ではないからです。それと同様に、倫理も、実は自明な事柄ではないのです。

それでも、私はここで、道徳から倫理を批判的に区別し、そのようにして得られた倫理の働きを、個人のうちにのみ内在しているような或る種の非－人間的な作用として、つまり超人の働きとして問題提起したいと思っています。

個人の人生は、社会的・歴史的に予め準備されたいろいろな問題に対して、つまり自分の外から到来する諸問題に対して、より善い解答を与えようとするためだけにあるのではないということです。たしかに、より善い解答を与えられるような人間であれば、例えば、単純にその人間は社会でより高い給料がもらえるかもしれませんが、反対に悪い解答しかできないのであれば、その人間は当然低い給料のもとで生きていかなければならないでしょう。

したがって、私たちの教育は、ただひたすらより善い解答を与えられるだけの人間を生み出そうとする努力の名称となってしまうわけです。各人のうちにある若干の超人は窒息死し、それゆえ超人を示す〈よい／わるい〉は単なる私秘性《プライヴェート》として、あるいは趣味の問題として片付けられてしまいます。

ところが、個人は、単に解答を求めたり与えたりするだけの、あるいは問題にひたすら答えるだけの動物ではありません。個人は、それ以上に、何よりも問題を構成し提起する動物、問う力をもった動物として存在しているのです（ニーチェは、あらゆる価値の価値転換という問題提起をしました。これこそ最高に問う力をもった問題なのではないでしょうか）。

本当の教育の問題はここにあります。教育とは何か。大事なのは、既存の問題に応答する力を鍛え、より善い解答を可能にするための教育だけでなく、問題提起する力、問題を構成する能力を養うための教育も必要だということです。

このように考えると、実は知力や判断力、感性や想像力が、いかにして個人化するための手段として用いられていないかが理解されるでしょう。

ところで、ニーチェは、有名な『道徳の系譜学』（一八八七年）という本を書きました。では、彼はいかなる立場からこの書物を書いたのでしょうか。それは、まさに倫理の立場からです。こうした書物を書くことができたニーチェの観点は、まさに倫理の立場そのものに、つまり倫理作用そのものを含んだ〈遠近法《パースペクティヴ》〉に依拠したものだということです。

これは、道徳の歴史ではなく、その系譜を明らかにすることによって、その価値転換的な批判を目論んだ書物なのです。

さらには、一七世紀の哲学者、スピノザが書いた『エチカ』という書物は、まさに倫理的に思考することの最高の表現の様態そのものだと言えます。

現在から過去へと遡るときに、歴史的な仕方と系譜的な仕方の二つの方法があります。つまり、系譜は、歴史とはまったく異なった観点を、あるいはむしろ遠近法をもっているということです。

例えば、歴史的な遡行は、一つには現行の諸価値の原因を結果の連鎖のなかで見出そうとするものです。そこで見出される原因は、伝統的には「遠隔原因」と言われるようなものでしょう。これは、或る結果の原因を求めて、その因果性の系列を媒介物を経ながら遡及していく仕方で見出されるような原因のことです。

これに対して、系譜的とは、現在と完全に同時的な過去としての「最近原因」に直ちに到達するような方法を意味していると言ってよいでしょう(6)。

ここで一つの重要な論点を提起しておきましょう。人間の歴史のなかの一つとして道徳の歴史あるいは歴史上の道徳があるのではありません。反対です。道徳（あるいはニヒリズム）こそが、そもそも人間の歴史そのものを作り出す源泉だということです。

〈よい／わるい〉の位相

さて、映画監督の小津安二郎（一九〇三－一九六三）が言った、次のような言葉があります。ここから、〈善／悪〉から区別される〈よい／わるい〉の働きを考えてみましょう。

どうでもよいことは流行に従い、重大なことは道徳に従い、芸術のことは自分に従う。

すぐわかるように、ここには次のような三つの異なる行為の規準が示されています。順番にみていきましょう。
第一の「どうでもよいことは流行に従う」というのは、どういうことを意味しているでしょうか。
例えば、何人かの友人たちと映画をこれから観ようとしています。でも、観たい映画の上映時間までまだ少し間があるので、お茶でもしようということになりました。さて、ここは流れに従って、例えば、その街並みの流れに従って、一番近い喫茶店を探せばいいだけですね。これが〈どうでもいいこと〉に対応した流れにまかす（＝流行に従う）ということです。

ところが、ここから一〇分ぐらい歩くけど、美味しい珈琲を出してくれる喫茶店があるから、どうしてもそこに行こう、と言う友人がいたとします。たしかにこの人にとっては、この余った時間をどの喫茶店でもいいから少しだけそこで過ごすということも、けっして「どうでもいいこと」などではなく、大切な事柄なのかもしれません。

しかし、ここで言えることは、この状況は、けっして強く自分を出すような場面ではないのではないかということです。こうした場面で「自分」を出して、自己自身をそうした「自分」に従わせ、それだけでなく、さらに他人をもそうした自分に従わせて何の意味があるのかということです。こんなことばかりでは、ニーチェが言う「個人の個人化」はまったく妨げられてしまうでしょう。

第二に、「大事なことは道徳に従う」というとき、例えば、社会常識や冠婚葬祭などを思い起こしても良いでしょう。ここでは、まさにその時代やその社会のなかに生きる者として、社会的に流通した諸々の道徳――あらゆる仕方で現象化する「……すべし」――に従った対応が求められているのです。要するに、ここでは、各人は人々に歴史的・社会的に共有されている〈善／悪〉に基づいた対応が要求されるということです。

この場合に、私たちに現われるさまざまな現象は、容易に道徳的な命令として立ち現われてくることでしょう。というのも、それは、あたかも現象そのものと一体化した価値の実在として現出しているかのようです。例えば、路上で体を丸めてうずくまっている人を見たら、それだけその現象は、まさに「助けるべし」という命令を含んだ仕方で私たちの前に立ち現われてくるでしょう。

では、最後の「芸術のことは自分に従う」とは、どういうことでしょうか。これが、実は私がここで提起したい倫理に、すなわち倫理作用に直接に関わる事柄なのです。

小津は映画監督ですから、ここで言われている自分に従う「芸術」とは、明らかに映画を意味しています。例えば、或るショットをどのように撮るのか、一つのショットと別のショットをどのようにつなげるのか、等々。その多くの決定には、作品や監督の外部に予め存在しているような――それゆえ、各個の個人がもつ一つの生から超越していると言われるような――〈善／悪〉に従って作られたものにしないという意志表明や決意が少なからず含まれています。

では、「自分に従う」とは、いったい自分の何に従うことであるのか。端的に言うと、それは、〈よい／わるい〉に従うということです。言い換えると、〈この自分〉とは、作品と作者との間に潜在的にあるいは無意識的に、しかし何か未分化な状態で存在するような〈よい／わるい〉に従って成立するものなのです。

これは、実は作品とともに形成され、作者のうちに潜在的に存在する或る観念（＝理念）がもつ〈よい／わるい〉なのです。〈よい／わるい〉は、働きを有する多様性です。一つの生には、こうした〈よい／わるい〉から創られる決定や時間、環境や判断に溢れているのです。

この点に関してもっとわかりやすい例を出しましょう。

画家が、真っ白いキャンバスに一本の奇妙な曲線をいっきに引いたとしましょう。しかし、その画家は、何か不満なところがあったのか、それを破棄しました。次に、先ほどとは見た目にはどこが違っているのかはわからないが、似たような曲線を再び描いたとします。ところが、今度はその曲線にあきらかに納得した表情をその画家が見せたとしましょう。これは何を意味しているでしょうか。

前者の曲線が破棄され否定された理由は、〈善／悪〉に従ったものではけっしてありません。それは、何か破棄されるべき〈悪〉を有していたわけではないのです。その絵が破棄されたのは、それが画家にとって〈わるい〉線だったからです。

そして、次に描かれた曲線が肯定されたのは、それが画家にとって〈よい〉線だったからです。では、この〈よい〉と〈わるい〉の規準はどこにあるでしょうか。おそらくそれは、画家の無意識のうちにあるとしか言えないでしょう。

それは、画家の無意識における或る観念なのです。それは、画家のうちで区別されているが、つまり差異をもっているが、しかし何か混乱した観念なのです。画家は、この潜在的な無意識の水準にある未分化な観念に従って、あるいはその観念を形成しつつ、それらの線を描いていくのです。言い換えると、この画家は、そこで初めて〈よい／わるい〉のもとで、ニーチェが言うような「個人化」の過程に入っていくことができるわけです。

たしかに私たちの人生は、その都度の歴史的・社会的な状態から離れては成立しえません。しかし、つねにこうした芸術的な生がすべての人の人生にともなっているのも事実ではないでしょうか。

芸術とは、あるいは芸術の領域を超えたより広範囲にわたる芸術的な行為とは、こうした無意識にある観念による産出そのものであると同時に、こうした無意識それ自体を産出するような行為のことだと言ってよいでしょう。

こうした意味を込めて、すべての人間は、〈よい／わるい〉に従う若干の芸術家なのです。

第一章

道徳《モラル》と倫理《エチカ》の差異

〈善／悪〉と〈よい／わるい〉との差異を知ること

私はここで、〈よい〉をあらゆる種類の喜びならびに喜びをもたらすすべてのもの、またとくに願望——それがどんな種類のものであっても——を満足させるものと解する。これに反して、〈わるい〉をあらゆる種類の悲しみ、またとくに願望の満足を妨げるものと解する。なぜなら、（……）われわれは、物を〈よい〉と判断するがゆえに欲するのではなく、かえって反対にわれわれの欲するものを〈よい〉と呼ぶからである。したがってまた、われわれはわれわれの嫌悪するものを〈わるい〉と呼ぶのである。(7)

倫理の実験

「超人」(Übermensch)、これはニーチェの有名な言葉です。私は、この〈超人の倫理〉をまずは〈人間の道徳〉に対置したいと思っています。

しかし、ここで言われる超人とは、人間とは別の、新たな来るべき人種のことではありません。私はここで、「超人」を或る意味で人間のなかにしかない或る種の働き、すなわち倫理作用の別名であると考えたいのです。

言い換えると、このことは、「超人」を拡大視したり拡大解釈したりしないということでもあります。超人は、つねに若干の超人であり、その限りで人間における或る部分なのです。超人とは、人間のうちに存在する部分的な強度のことです――倫理的強度。

また、私は、人間のうちに超人の痕跡を見出そうとしているわけでもありません。そうではなく、人間のうちに、はっきりと超人が発生する原因となるような働きがあるということを明らかにしたいのです――「超人の父と祖先になること[8]」。

超人は、人間の後に到来するような一つの種族でもなければ、どの時代にあってもすべての人間のうちにすでにその痕跡が刻印されているような、何か共通の存在者性でもありません。注意してください。超人は、けっして道徳的な典型などではありません。超人は、理想の人間などではないのです。超人を理想や典型と考えることが、いかに馬鹿げたことであるかが後にわかるでしょう。

個人のなかの或る種の働きこそが、超人の存在そのものなのです。そして、それは倫理作用以外の何ものでもありません。端的に言うと、それは〈よい／わるい〉を本質的に含んだ作用のことです。

この倫理の働きは、まさに個人の個人化する一つの生としての実験的精神に宿っているとも言えます。言い換えると、超人とは、生一般の問題でもなければ、一般的な生の課題になどけっしてなりえないような問題だということです。

重要なことは、倫理学は、それ自体が一つの生の実験室であり、その限りできわめてアグレッシヴであり、つねに創造的でなければならないという点です。倫理学は、反道徳的である限り、こうした働きを肯定し表現する思考の運動体なのです。

それゆえ、〈よい／わるい〉を含む倫理作用は、〈善／悪〉や〈真／偽〉といった超越的な諸価値に基づいて、一つの生を生一般のもとでさまざまに規定してきた道徳的な遠近法に対する、あらゆる抵抗力を有しています（道徳的な遠近法とは、既存の価値序列に従った諸評価に支配された視点や観点しか有していません。したがって、それは、ニーチェが言う「個人が個人化することを妨げる」ものです）。

倫理の働きは、一般的な人生や生き方とはほとんど無関係な力ですが、しかしながら、それなしには各個の人間が、あるいは各個の〈この私〉が生きていくことのできないような力なのです。

映画『善悪の彼岸』

ところで、ニーチェを描いた映画があります。イタリアの鬼才と呼ばれたリリアーナ・カヴァーニ（一九三三－）という映画監督が描いた『善悪の彼岸』（一九七七年）がそれです。

これは、幻想と退廃が渦巻く一九世紀末のヨーロッパの雰囲気を背景に、フリードリッヒ・ニーチェ、ルー・サロメ（一八六一－一九三七）、パウル・レー（一八四九－一九〇一）のいわゆる「聖なる三位一体」――三人の共同生活や精神的関係――を描いた作品です。

キャストが見事で、適役揃いでした。ニーチェを演じたエルランド・ヨセフソンは、例えば、アンドレイ・タルコフスキー監督の『ノスタルジア』（一九八三年）では自らに火を放つ狂人ドメニコを、『サクリファイス』（一九八六年）では犠牲のために自分の家に火をつけるアレクサンドルを演じました。

サロメ役のドミニク・サンダは、ベルトルッチ、デ・シーカ、ヴィスコンティといった巨匠の作品に出演し、「現代のガルボ」とも言われ、またレー役のロバート・パウエルは、ケン・ラッセルの『マーラー』（一九七四年）でまさにユダヤ人の作曲家、グスタフ・マーラーを演じました。

『ノスタルジア』の狂人ドメニコは、とくにニーチェ的な人物でした。映画のなかの彼の居住空間は、多孔空間あるいは漏出空間であり、至るところから雨水が漏出し、壁には無数の水滴が垂れているという、まさに多孔質の空間でした。

また、その壁に落書きのように書かれた「1＋1＝1」という文字は、あたかも水という物質に内在する、あるいは自然界そのものに内在する不等なものの間の等しさを示しているかのようでした。

こうした空間は、定住のための空間ではなく、まさに移動することなく生成変化し続ける者のための空間のようであり、さらに言うと、歴史的・社会的な一つの解答（＝結果）としての地層化されたような居住空間ではなく、それらに対して問題提起するような或る圧倒的な力をもった逃走的な空間なのです。

移動は、必ずしも生成変化とは関係がありません。例えば、観光旅行に何度行こうが、どれほど遠い外国に行こうが、その人間の硬い同一性に何の変化も生じないことを私たちはよく知っているでしょう。現代の、特に外国旅行ほど、距離の移動と生成変化とが、いかに無関係であるかを示しているものはないと言えます。

また、この映画『善悪の彼岸』の音楽はダニエル・パリスという人が担当していますが、とくにパリス自身による、マーラーの歌曲「さすらう若人の歌」の第一曲「かの女の婚礼の日は」のピアノ編曲版は、あたかも〈善悪の彼岸〉から聞こえてくるような美しい響きをもっていました[9]。

この映画の最後に、きわめて印象的なシーンがあります。ピアノに向かってマーラーのこのメロディを弾く、痴呆状態にあるニーチェに対して、ルー・サロメは身をかがめて愛おしそうにこう語りかけます。「一八九九年が暮れようとしているのよ。ねえ、一九世紀が終わるの。誰もあなたに言わなかったのかしら。私たちの時代が近づいているのよ、フリッツ」、と。

さて、ルーのこのセリフのように、二〇世紀は果たしてニーチェ的な時代であったでしょうか。あるいは、これからの二一世紀はニーチェ的な時代になりうるでしょうか。あるいは、いつの日か時代はニーチェ的なものになるでしょうか。

しかし、ここで私が問いたいのは、こうした意味での世紀や時代などではありません。むしろ日々の方です。

それゆえ、次のように問い直すべきでしょう――今日は、果たしてニーチェ的であったか。あるいは、明日は、ニーチェ的な日になりうるのか。そして、いつか、日々はニーチェ的なものになりうるのか、と。

音楽するソクラテスの可能性

可滅的な日々のうちにこそ、倫理作用の創造性が現われると言えます。これに関する音楽の話をしたいと思います。それは、ニーチェが見た、少しだけディオニュソス的な音楽するソクラテスについてです。(10)
プラトンの中期対話篇『パイドン』のなかに、後にニーチェによって「芸術的ソクラテス」の誕生と言われた箇所があります。
ソクラテスが獄中で友人に語ったところによると、その都度、現われる姿は異なっていたが、しばしば彼は同じ夢を見たという。そして、その幻影は、彼にいつも同じことを告げていました。

ソクラテスよ！　文芸《ムーシケー》を作り、それをこととせよ。(11)

これは、まさにダイモーンによる音楽するソクラテスへの誘い、善悪の彼岸への誘いだと理解すべきでしょう（「ミュージック」の語源がギリシア語の「ムーシケー」です。ただし、ムーシケーは、現代の「音楽」に限定されるだけでなく、もっと広い意味をもっていました）。では、ソクラテスは、この夢のなかのお告げをどう理解したのでしょうか。ソクラテスは、このダイモーンの声に対してどう反応したのでしょうか。

彼は、実際に自らが日々行っていること、つまり〈知を愛し求める営み〉である哲学こそが「最高の文芸《ムーシケー》」であると考えて、ダイモーンのその言葉を自分への励ましだと考えました。

つまり、ダイモーンの声はソクラテスにはとどきませんでした。残念ながら、一つの誘いは、単なる励ましとしか理解されなかったのです。倫理への誘いは、道徳への励ましとしてしか理解されませんでした。未知のものへの誘いは、現行の事柄をなぞっただけの励ましとしてしか捉えられなかったのです。新たな実験は、日々の正当化へとすりかえられたのです。

ところが、裁判も終わり、その死刑執行が遅れているなかで、ソクラテスはふと思いつきます。夢がたびたび自分に命じていたのは、実はムーシケーの術として一般に知られている側、すなわち、「普通の意味での文芸作品を作ること《ムーシケーン・ポイエイン》」ではなかったのか[12]、と。

ソクラテスは、自らの死に際して、それまで哲学がどちらかというと軽視していた領野である制作（＝ポイエーシス）の世界にはじめて注目することができたわけです。

しかし、それ以上に重要な論点が、そのすぐ後のソクラテスの言葉のうちにあります。


詩人は、もし真に製作者《ポイエーテース》であろうとするならば、事実の〈語り《ロゴス》〉ではなく、〈物語《ミュトス》〉を作るのでなければならない、と私は気づいた。同時に私自身は、物語を作ることなどできないということにも気づいたのだ[13]。

製作者たる詩人は、単に事実を語るのではなく、或る筋をもった物語を創作する者であると言うソクラテスは、自分にはその物語を作る能力がないことを改めて自覚するのです。作者になるためには、実は既に述べたような〈よい／わるい〉に従うことが不可欠です。ソクラテスが物語を作る能力がない理由は、もうわかるでしょう。

ただし、後にアリストテレスは、『詩学』のなかで、歴史家と詩人とを比較して、「蓋然性《エイコス》あるいは必然性《アナンカイオン》」によって生起しうるような可能的事象を語るのが詩人であると述べています。[14]ソクラテスが言うミュトスも同様、ほぼこうした性質を含んだものとして理解できるでしょう。

そこで問題は、プラトンがソクラテスに次のように言わせている点です。


私自身は、物語を作ることに長けてはいない。


この「物語を作る」は、ギリシア語では、形容詞 muthologikos（ミュトロギコス）、あるいは名詞 muthologos（ミュトロゴス）という言葉になります。この語は、ミュトスとロゴスという重要な言葉から成る合成語です。

意味としては、〈物語を作るのが巧みな〉とか、〈神話〈伝説〉に通じた〉といったことになります。これは、きわめてプラトン的な語彙の一つだと言えるでしょう。したがって、もっと特別な意味をこの語から導き出すことができます。

ギリシア語の「ロゴス」は、理性、言語、論理、思想、比、定義、命題、理法など、多くの意味をもっています。さらに、この言葉は、根源、理由、原因といった意味をも有しています。

ソクラテスの真の凄さ——古代ギリシアではありえない様態

さて、そうなると、私たちは先の「ミュトロギコス」という言葉を、〈ミュトスの根源に精通し、巧みにそれを模写再現すること〉、といったような意味内容のもとに把握することができるでしょう。この意味において、「ミュトロギコス」は、プラトンの思想をより良く反映する言葉なのです。

ソクラテスは、詩を作る才能が自分にはないと考えていたわけですが、しかし、実はミュトスについてあるいはその根源について語ることに対しては、むしろ積極的でした。

つまり、こういうことです。プラトンの初期対話編『ソクラテスの弁明』のなかに、次のような一節があります。

ソクラテスの死刑は、すでに決定した。彼は、まず自分に有罪の投票をした人々に向かって最後の言葉を語り、次に無罪放免の投票をしてくれた人々に対しては、次のように言います。係りの役人たちは、まだ用務が忙しいので、死刑執行までには時間がある。その間、「許されている時間は、互いに語り合う（diamuthologēsai）のに何の差し支えもない」のだから、ここに一緒にいてもらいたい、と[15]。

プラトンはここで、「語り合う」という言葉として、dialegomai ではなく、diamuthologeō を用いています（diamuthologēsai は、この動詞のアオリストの不定詞というかたちです）。この言葉は、すでに述べたように、単に「語り合う」とか、「話し合う」といった以上に、〈ミュトスの根源に帰るような話をすること〉といった意味を有しています。

要するに、ソクラテスは、一方ではミュトスの制作、つまり文芸作品を作ることについては自分にその才はないと悟っていましたが、他方ではミュトスについて語り、その根源や原因を語り合うということには積極的であったということになります。

プラトンは、明らかに表象言語による会話ではなく、実は系譜的な言語使用による対話への衝動を、ソクラテスの意識を通して表現しようとしているわけです。

この問いは本質です。つまり、これによって基礎づけ主義と系譜学との差異が明らかになります。

すなわち、「文芸を作ること」とは、価値創造のことであり、文芸の根源に立ち返るような話をするとは、その価値の源泉へと遡行して、その発生の場所からの新たな価値創造につながるような、文芸の創造を意味しているのです。

ただし、ソクラテスは、こうした意味での系譜学者などではけっしてありません（系譜学の意義については、本書の第四章を参照のこと）。古典古代のギリシア時代にこうした意味での系譜学的な哲学者など一人もいません。しかしながら、音楽するソクラテスは、若干のディオニュソスへの誘いとともに、イデアへの可能性ではなく、系譜学的な根源の価値転換に乗り出そうとしたのです（デカダンスの「暴走老人」の原型）。それは、芸術による生と美との表面的な一致を超えるようなものだったのです。

習慣と生活法

さて、日本の現在の一つの思想的状況を見てみましょう。昨今のニーチェ・ブームは、ニーチェの哲学を、より善い人生を送るために活用しよう、あるいは人間力を身につけるための道具箱にしよう、あるいは社会にうまく適合するためのアドヴァイスにしよう、などといった類いのものです。

そのようにして書かれたすべてのもの（『超訳……の言葉』や『座右の……』、等々）に対しては、ほとんど絶望的な気持ちになります。

なぜでしょうか。簡単です。

道徳への批判的意識が、それらの著者や訳者（？）たちに完全に皆無だからです。要するに、道徳と倫理がまったく区別されていないのです。ニーチェの道徳批判はいったい何だったのか、と言いたくなります。

反道徳主義者ニーチェ、世界で最初のニヒリストたるニーチェ、そうしたニーチェの恐るべき本性を、こうした本のどの頁のうちにも見出すことができません。反道徳の観念も感情も言葉も概念も、どこにも見出すことができないのです。

道徳批判を徹底化するニーチェの立場は、どこにあったのでしょうか。それは倫理にあったのです。それは、批判と創造との一致を条件とした倫理学なのです。

それに反して、昨今のニーチェについて書かれた多くの本にあるのは、生産的な逃走線を描き出すニーチェの思想や哲学ではなく、単に社会習慣のなかで役立つようにコード化されたニーチェの言葉だけです。それは、あくまでも表象化された習慣を前提として選別されただけの、言わば死せるニーチェの言葉なのです。

それは、言わばニーチェの先立つ思想を単なる後追いの思想にしてしまうことです（本書の冒頭に挙げた人間と超人の定義を参照）。つまり、それは、偉大な問題提起の思想を、歴史的・社会的な諸問題への単なる解答的な表象像へと還元し貶めてしまうことです。

これは、哲学や思想が歴史や社会や習慣への単なる適用問題によって囲い込まれてしまうことを意味しています。これでは、倫理の働きは、まったく阻害されてしまいます。

こうした〈活用‐道具箱〉の思考は、実は私たちに特性の観点――形容詞的な観点――からのニーチェ哲学しか与えないのではないでしょうか。それは、言わば習慣における表象的な視点や観点から得られる限りでの認識や感情を喚起するだけであって、特異な遠近法とその情動をともなうものではありません。

たしかに、こうした意味での〈活用‐道具箱〉は、私たちの表象生活に対して僅かな効果をもつかもしれません。しかし、それだけでは人間は生成と遭遇できないし、表象するだけではその生成に存在を与えることはできないでしょう。


生成に存在の性格を刻印すること――これが最高の力能の意志である。(16)

しかしながら、それでも私たちが考えなければならないのは、こうした〈活用‐道具箱〉が習慣に対して部分的に生成についての或る外部性の形態を構成したり、あるいは絶対的な外との関係を産出し始めたりすることもありうるのではないかという点です。

さて、そこで提起したいのが「生活法」(vivendi ratione)という考え方です[17]。ここに言う生活法は、習慣とは異なるものです。つまり、それは、けっして別の習慣を勧めたり、別の習慣を身につけたりするためのものではありません。

スピノザの倫理や、ニーチェの道徳批判は、生活法を与えるためのものなのです。端的に言うと、生活法とは、言わばニーチェが言うような「個人が個人化する」ための様式や文体のことです。

様式を与えること

もう少しこれを限定してみましょう。生活法とは、言い換えると、自己と自己に関わる事柄とに「様式を与えること」です。それは、この習慣あるいはかの習慣や、それらがもつ価値感情に反するような、解釈や価値評価から形成される実存の様式であり、存在の仕方だと理解してください。

その限りで、〈よい/わるい〉を必然的に含む生活法は、現行の習慣やその価値感情からの脱習慣化の動きを有しています。

ニーチェは、「様式を与えること」について次のように述べています。

自分の特性に「様式を与える」——これは、偉大で稀有な芸術である！　この芸術を成し遂げるのは、自分の天性の力量と弱点が生み出すものをことごとく見通し、ついでそれを芸術的な計画に取り込み、そのどれもが芸術と理性を表わし、弱点さえもそれを見る者の眼を釘付けにするところまでもっていく、そんな人物である。(18)

普通、人は、自分の性格あるいは特性などに改めて様式を与えようなどと考えるでしょうか。自分の性格は、すでに自分の性格であって、それを認めることができるか、あるいは認めることができないかの問題、要するに、好きか嫌いかの問題、趣味の問題だ、と。
しかし、そこには、実は自分自身との和解という重要なテーマが含まれているのです。ニーチェのこのアフォリズムが言いたいのは、次のことです。

人間が自分自身との和解に達すること、この一事のみが肝心なのだ。——それはどんな文学や芸術によってであってもよい。そうしてこそ、人間ははじめて見るに堪えるものとなる！　自分自身と不和である者は、いつでも復讐の機を窺っている。われわれ他人はその犠牲となるだろう。

力量と弱点あるいは長所と短所は、あくまでも相対的なものです。それゆえ、自分の弱点をそれ自体において実在的に肯定されたものであると理解することは大変に難しいでしょう。というのも、相対的な関係にあるものは、この場合に相互に転換可能あるいは移行可能である、と考えられているからです——例えば、「弱点を克服してそれを長所にしろ！」、といった考え方がその典型です。

ところが、弱点の克服には、復讐の精神が含まれ、その育成が関わっています。というのも、弱点や欠点に注目することは、何よりも自分自身と不和になる原因だからです。

弱点の実在性＝肯定性

私たちは、自分たちの個々の弱点——無能力——を思うとき、あるいは観想する（スピノザの言い方）とき、直ちに悲しみの感情に刺激されてしまいます。というのも、そこで表象されるのは、例えば、自己に関する、長所の欠如や「〜ができない」という否定的な認識ばかりだからです。

精神は、自己の無能力を表象するとき、まさにそのことによって悲しみを感じる。[19]

言い換えると、悲しみの感情を生起させる自分の弱点、すなわち自分の無能力は、自己についての肯定的な認識を含まないということです。どうあっても、弱点あるいは無能力は、私たちの身体や精神に残された、いくつかの無残な痕跡を示しているだけだからです。

スピノザと同様に、ニーチェも、受動的ニヒリズムのもとで同様の考え方をしていますが、このアフォリズムでは、弱点はむしろ長所と並置されるべきであることが言われています。つまり、それは、弱点というかたちでしか与えられないような、自分自身の或る実在性があって、それを自分自身のうちに肯定的に組み込んでいくことなのです。

そこでは、弱点を長所との関係で観想するのではなく、あるいは弱点を長所化することから切り離して、すなわち一切の習慣上の関係から引き離して、それ自体において観ることが求められているのです。

それは、言わば〈生ける弱点〉という考え方です。それは、弱点をいかにして長所にするかという習慣上の道徳化した自然主義とはまったく別のものです。しかし、その総称が「教育」と呼ばれているものです。[20]

弱点は、長所や力量の欠如なのではなく、それだけで一つの実在性を有しています。弱点は、その人の重要な実在性の度合を作っているのです。つまり、弱点も、その者の「できる」をしっかりと作り上げているのです。弱点もその人物の構成要素の一つなのです。つまり、弱点は、完全性の度合を有しているということです。したがって、それを破壊すると長所も破壊されてしまう場合があります。

一人の格闘家がいました。彼は、人間離れした強力で美しいキックをもっていました。対戦する相手をことごとく一撃必殺でノックアウトしていました。ほとんどの対戦相手は、彼と組むこともできずに敗れ去っていったのです。

しかし、彼は、自分の弱点が相手と組んだときや寝技に入られたときであることをよく知っていました。彼は、自分のこうした弱点を克服すれば、完璧な格闘家になりうると考えたのです。

さて、どうなったでしょうか。彼は、自分の弱点の克服に乗り出した結果、逆に試合に勝つことができず、その後すぐに引退しました。普通の格闘家になってしまったのです。

いろいろな理由を考えることができますが、最大の理由は、長所が長所ではなくなったことでしょう。弱点の克服が長所の弱体化を招いたわけです。短所と呼ばれるものは、若干の長所であり、より小さな長所だということを、私たちは知る必要があります。

フランスの偉大な作家、マルセル・プルースト（一八七一－一九二二）は、嫉妬を愛の不幸な結果と考えることを止めます。彼は、一つの価値転換をおこなうわけです。それは、嫉妬深くあるために愛するという転倒です。言い換えると、それは〈生ける嫉妬〉であり、まさに嫉妬の視点を超えた、嫉妬の遠近法です。

文体を与えること

第二に生活法と習慣との関係で言いたいのは言語の問題です。先に述べた「様式を与える」は、「文体を与える」と言い換えることができます。文体は文法ではなく、また文法に還元不可能なものです。ただし、文体それ自体がそうした還元不可能な要素をもつということではなく、文体こそがそうした要素を構成し産出できるという意味です。

この限りで〈文法なき文体〉が問題になります。つまり、習慣を前提としない生活法です。ニーチェは興味深いことを言っています。言語の類縁性を示す文法の機能、あるいは文法を共有する哲学的思考は、無意識のもとに人間を支配し続ける、と。[21] 言葉や思考を真に多様にするのは、習得した語彙の豊かさや地球上の言語の数の多さなどではありません。

そうではなく、反対に文体だけが人間の言語と思考とを多様にできるのだ、と考えてみてください。〈文体を与える〉とは実はこうした意味をもつのです。しかし、何に対して文体を与えるのでしょうか。
次のニーチェの言説を見てみましょう。

論理学の（さらに数学の）どの法則においても前提されているような自己同一的Aがまったく存在せず、このAがすでに仮象性を帯びたものであると仮定するならば、論理学は一つの純然たる仮象の世界を前提として成立していると結論せざるをえない。実際のところわれわれが矛盾律を信じているのは、絶え間なく矛盾律の正しさを確証しているように見える数知れぬ経験のもたらす印象のゆえである。「事物」――これこそがAの本来的土台にほかならない。換言すれば、われわれの事物信仰が論理学信仰の前提をなしているのだ。論理学におけるAは、アトムと同様、「事物」をまねて構成されたものなのである。[22]

ここでニーチェが言いたいこと、あるいは単に確認していることは、およそ次のような事柄です。

(1)論理学あるいは「論理学信仰」は、習慣あるいは経験のうちで形成された「事物信仰」をけっして解体しないということ。

(2)論理学は、すでに「われわれが定立した一つの存在図式」に従った文法、つまり習慣上の同一性信仰に合致した文法を有するということ。
(3)論理学化された意識と同様、論理学の無意識も、習慣によって準備された以上のものではないということ。つまり、それは新たな仮象を産出しないということ……等々。

「自己同一的A」は、〈人間は言葉を用いてしか何事かを語り考えることができない〉というこの――きわめて道徳的な言語信仰とでも言うべき――考え方にこそ、つまり「文法機能による無意識的な支配と指導」に感染した考え方にこそ適用されるものです。これこそが、ニーチェが言う「事物信仰」を前提とした、すなわち〈与えられる文体〉を無視して言語や思考を文法機能へと平板化する考え方を前提とした立場以外の何ものでもありません。

習慣上の事物でも、論理学上のAでも、つねに同一的なものを考えてしまうのは、人間にとっては不可避の自然的態度の一つだと思います。

しかし、こうした指摘は、ニーチェにとって彼の哲学上の目的ではなく、実は生活法を産出するための一手段にすぎません。問題は、こうした〈習慣‐文法〉の普遍的な道徳的系列を分析することによって、そこから〈生活法‐文体〉という、この道徳的系列を解体する総合を産出することです。

この限りで生活法は、仮象の破壊とその産出とを同じ必然性から考えることができるわけです。

さて、真の批判の条件は、同時につねに創造の条件なのです。

何に文体を与えるのかというと、それは、一つには諸感情の連鎖に「文体」を与えるということになります。この連鎖は、あの所産的な自然主義のもとで構成された道徳的な因果連鎖（例えば、日常の価値感情）をなしていますが、それらを切断して非習慣的な「配列関係」にすること（例えば、すでに述べたような、長所と弱点（愛と嫉妬、……）との相対的関係を切断して配列関係におくこと、等々）、これが様式あるいは文体の一つの役割であり、生活法の形式になりうるわけです。

いじめや差別の問題——差異を肯定すること

私たち人間は、差異を肯定できない生物です。私たち人間は、他人との違いを肯定するよりも、はるかに否定することに適した動物なのです。つまり、差異を否定として理解してしまうのです。

そして、それだけでなく、自分がその都度属すると考えられるさまざまな集合体に属していないと考えられる一人の他者だけでなく、そうした他者と同類とみなされる人たちに対しても、人はその度に表われてくる差異を、つまり自分とそうした他者との間の差異を容易に否定的に捉えることができるでしょう。

なぜでしょうか。一つには、各人の心のうちに植えつけられた或る典型的なモデルがあるからです。つまり、モデルとは、その人にとっての理想を表わしています。そのモデルに近いか遠いかによって、その対象を肯定したり否定したりするわけです。

いじめや差別の根本的な問題点は、人間が自分たち相互のさまざまな違いを肯定できずに、否定的に考えてしまい、その結果として、その否定をすべて相手の側に帰属させてしまうということにあります――「否定されて当然だ」、と。

差異を肯定すること――これが、いま私たちのすべての営みに欠くことのできない動詞ではないでしょうか。いじめや差別は、結果的には自分自身のうちに不和を起こすことになります。というのも、この場合の差異は、あくまでも自分と相手との間に存在しているのであって、どちらか一方の側にあるわけではないからです。

つまり、差異を肯定することは、実はニーチェが述べていた、「自分自身との和解に達する」ための方法なのです。

この肯定性から何が知覚されるようになるのかが大事なのです。それまで見逃していた、あるいは見ることのできなかった点が、その対象のうちに知覚できるかもしれません。

では、差異の肯定は、差異を否定しようとする者たちをも肯定するのでしょうか。残念ながらあるいは不幸にも、必ずしもそういうことにはならないでしょう。というのも、差異の肯定は、単に他者を無差別に承認することではないからです。要するに、差異を肯定することは、無差異に他者を肯定することではないからです。

なぜなら、差異の肯定とは、多様性の肯定だからです。差異の肯定とは、自分自身をも含めた他者の多様性の肯定のことなのです。したがって、差異の否定が多様性の否定に直結しているものであれば、私たちはその否定との闘争をやはり繰り広げる必要があるわけです。差異の肯定＝自分自身との和解＝他者の多様性の肯定。

神は生きているか、神は死んだか

多くの日本人は、自分のことを無神論者であると思っているでしょう。とくに積極的に無神論を唱えているわけではないが、あえて尋ねられれば、そう答えるという人がほとんどでしょう。無神論は、やはり現代的な思潮であると言えるでしょう。

一般的には、無神論者は、信仰をもっていない分、この世界において自由であるが、その反面、人格的な弱さを抱えている、とも言われます。

これに対して、とりわけ一神教的な有神論はきわめて強い思想であり、それを信ずる者は強い信念をもった人物であると考えられます。

さてここで、無神論者を祈る人と祈らない人に区別し、同様に、有神論者もこの二つに区別してみましょう。これによって、道徳と倫理の違いを考えることにします。

タイプＡ：無神論者で祈る人
タイプＢ：無神論者で祈らない人
タイプＣ：有神論者で祈る人
タイプＤ：有神論者で祈らない人

まず、最初のタイプＡを考えましょう。例えば、平均的な日本人を想定すると、そのほとんどが無神論者（ただし、すでに述べたように、かなり弱い意味での、つまり必ずしも積極的に無神論を唱えるわけではなく、訊かれたらあえて無神論者ですと答える程度の人）であるが、それにもかかわらず、そのほとんどの人が祈る人でもあるということがわかるでしょう。

例えば、サッカーの試合、しかも重要な国際試合などの場合に、もし日本代表が〇対二で負けていて、残り時間があと五分しかなかったとしたら、多くのサポーターはどうしますか。客観的に見て、この状況では、残りの時間の間に相手のゴール・ネットを三回揺らして勝利することは完全に不可能でしょう。言い換えると、それは、身体的・物理的に完全に不可能だということです。

ならば、私たちはどうするでしょうか。身体的・物理的《フィジック》な次元を超えたものにすがるしかないでしょう。そこで、人は、超-身体的・物理的《メタ・フィジック》な次元に存在するであろうものに対して、つまり、超自然的なものに対して自然に手を合わせるわけです。あるいは、こうした超-身体的・物理的な次元からの因果作用に、つまり奇跡にすがろうとするわけです。

自分の大切な人（親、子供、恋人、……）が深刻な病に襲われたとき、その人はどうするでしょうか。祈るのではないでしょうか。「どうかこの人を助けてください」、と思わず神に懇願するのではないでしょうか。これはごく普通の事柄なのです。たとえ無神論者であったとしても、人間とはそもそもこのような弱い存在だとも言えるでしょう。

定義不可能な人間とは

では、無神論者でけっして祈らない人（タイプB）をどのように理解したらいいでしょうか。

実はこの問題を真正面から受け止めようとする思想が、まさに実存主義（ただし、サルトルなどの「無神論的実存主義」と称される立場）なのです。
つまり、実存主義者は、この意味できわめて強い人間存在の位相を明らかにしようとしたのです。無神論者であっても強い人間像とはどのようなものでしょうか。サルトルのもっとも有名な言葉が次の言明です。

実存は本質に先立つ（L'existence précède l'essence）[23]。

これが意味していることは、まさに本質に守られてはいない存在、本質の外部としての存在、定義の外の存在を明確にして、こうした本質の外部に立つ人間の現実存在、すなわち実存を呈示しようとしたのです。
あるいは、本質に先立つ実存とは、文字通り、自らの実存を本質の単なる解答、単なる一事例にしないことの宣言なのです。だから、サルトルは次のように言うわけです。

実存主義が考える人間が定義不可能であるのは、人間が最初は何ものでもないからである。人間は後になって人間になるのであり、人間は自らが作ったところのものになるのである。このように、人間の本性は存在しない。その本性を考える神が存在しないからである[24]［強調、引用者〕。

サルトルはここで、人間が「定義不可能」であると述べています。定義とは何でしょうか。試しに、人間を定義してみましょう。

「人間とは何か」――これに対して、例えば、「人間は理性的動物である」、「人間は笑う動物である」、「人間は羽根のない二足歩行の動物である」、「人間の本質とは社会的諸関係の総体である」、「人間は言葉を用いる動物である」、等々の答えが可能です。

これらはすべて、人間の本質を定義しようとしたものです。というのは、定義とは、定義されるものの本質を規定しようとするものだからです。つまり、定義とは、つねに定義されるものの本質についての定義なのです。言い換えると、定義は、定義されるものの実存（存在）にはけっして関わらないということです。本質と存在（実存）との違いを明確に理解することが大事です。

どういうことでしょうか。先に述べた人間の定義をもう一度よく見てください。例えば、「人間は理性的動物である」という定義には、この理性的動物が何人存在しているのかの規定はけっして含まれていません。つまり、二十人でも、三万人でも、七十億人でも、あるいは、もはや人間は絶滅していて、一人も実存していないとしても、この定義は成立しているのです。

「定義」についてスピノザは次のように述べています。
一、各々の物の真の定義は、定義された物の本性のほかは何ものも含まず、また表現しない。このことは次のことから出てくる。
二、定義は、定義された物の本性のほかは何も表現しないのであるからには、いかなる定義も或る一定数の個体を含まず、また表現しない。例えば、三角形の定義は、三角形の単純な本質のみを表現し、けっして或る一定数の三角形を表現しない。
三、存在する各々の物には、それが存在する或る一定の原因が必然的に存することに注意しなければならない。
四、最後に注意すべき点は、或る物が存在するその原因は、存在する物の本性あるいは定義自身のうちに含まれているか（これは存在することがその物の本性に属する場合である）〔これは、実体の場合〕、そうでなければ、その物の外部に存していなければならない〔これは、様態の場合〕ということである。(25)
つまり、定義には、当の「定義されるもの」の実存（この場合は、人間の現実存在）は、あるいは定義されるものの実存の数（この場合は、現実に存在する人間の数、つまり人数）は、けっして含まれないということです（ただし、スピノザにおいては、定義されるものの本質がその存在を含むものが唯一あります。それが神、すなわち唯一の実体です）。定義は、定義されるものの本質についての定義であって、定義されるものの存在（実存）にはけっして関わらないということです。言い換えると、定義は、一般的には定義されるものの存在（実存）について無差異だということです。

これをひっくり返して、サルトルは、人間の実存は定義の外部に存在するだけでなく、それ以上に、そもそも本質がないものについての定義も不可能であろうと言いたいのです。定義が存在を含まないだけでなく、そもそも定義されるべき本質をもたないような存在が一つあり、それが人間だということです。こうした意味で、サルトルは、人間が定義不可能であると言いたいわけです。

したがって、そのような人間は、けっして先行する神をもたない以上、けっして祈らないということになります。

神の似姿としての人間、あるいは人間の似姿としての神

さて、第三のタイプCである有神論者で祈る人というのは、タイプAのように考えやすい立

場でしょう。現に私たちは、神の存在を信じている人たちが、同様にその神に対して祈ることをよく知っています。こうした神は、超ー身体的・物理的《メタ・フィジック》な神であるとともに、祈りの対象となるような人格的な神でもあります。

　そして、この人格神は、ほぼ人間の似姿をしたような神です。つまり、こうした全知・全能の人格神は、言わば人間をモデルにして考えられた、擬人化された神だということです。私たち人間のある特定の性質や能力を無限に引き延ばして完全化して作り上げたのが祈る対象としての神なのです。それは人間の似姿としての神です。

　人間はなぜ地上でもっとも偉大な存在者なのか。それは、人間が神にもっとも近い存在者だからだとかつては理解されていました。つまり、この場合の偉大な存在者は、神の似姿としての人間です。

　実は人間が神の似姿であろうと、神が人間の似姿であろうと、そんなことは二次的な事柄なのです。それ以上に本質的な問題は、神と人間との間に類似《アナロジー》の関係が、つまり複写の関係が、相互にコピーをし合った関係があるということです。擬人化批判とは、こうした複写の関係を明らかにして、その関係性を切断することにあります。

　実は祈らないという態度が、こうした批判を可能にする行為なのです。

最高の有神論

では、最後のタイプＤである有神論者で祈らない人というのは、どうでしょうか。これは、その神がそもそも私たちの祈るような対象ではないということを意味しています。

つまり、その神は、この自然界の法則を超えた存在ではない、つまり超越神でも人格神でもないということです。私たちは、自然法則に対して祈ったりはしません。それと同じです。この世界に超越するものに対して祈りは成立します。祈りは、つねに超越するものに対しての祈りなのです。

したがって、神を超越的原因ではなく、内在的原因と考える、スピノザ的な「汎神論」は、タイプＤに対応する人の考え方です。こうした内在的な神は、したがって祈りの対象とはなりません。スピノザは、先に述べた神と人間との類似関係あるいは複写関係を徹底的に批判しました。

つまり、こうした有神論が考える神は、人格神ではない以上、人々にはほとんど無神論としか映らないでしょう――無神論の最高の「神」。スピノザは、ほとんど神しか語らなかったにもかかわらず、無神論者として告発されたのもこの点にあります。

つまり、真の有神論は、反道徳的な無神論になるわけです。逆に言うと、真の無神論は、完全に倫理的な有神論になるということでもあります。これが明らかになったのが、まさにスピノザの哲学においてです。

第二章

超人の身体

精神と身体は並行していると考えること（＝倫理作用Σ《シグマ》）

> われわれは、完全性ということを物の本質そのものと解するから、したがって精神が自己の身体あるいはその一部分について、以前より大きな、あるいは以前より小さな完全性に移行することになる。だから、私が先に、精神の思惟力能が増大しあるいは減少するとよく言ったのも、精神が自己の身体あるいはその一部分について、以前に肯定したよりもより大きなあるいはより小さな実在性を表現するような観念を形成するという意味にほかならなかったのである。なぜなら、観念の価値とその現実的な思惟力能は、対象の価値〔自己の身体の価値〕によって評価されるからである。[26]

超人への身体

超人を単なる精神的存在と考えられてはならないでしょう。超人は、身体をもたないのでしょうか。そんなことはありません。しかし、私たちは、超人がどのような身体を有しているのかを知ることができません。

しかし、それでも私たちが先取りして理解しうる点があります。それは、「別の身体」への移行が精神の実質的な変移に必然的にともなっているだろうということです。

というのも、倫理学は、精神だけを特権的に扱い、身体に対して精神が優越した存在であるなどとけっして考えないからです。精神と身体は、まったく異なっているが、つまり一方は観念という非物体的なものから構成され、他方は延長物から形成されているにもかかわらず、存在論的にはまったく対等な存在だということです（精神と身体の並行論）。

これを突破口として、人間身体の変様について考察しつつ、その生成変化のなかから超人への身体――別の身体――の有り様を思考可能にすることができるのです。

批判と臨床

精神の価値転換は批判と不可分です。批判は、その対象となる物や事柄を非難したり否定したりすることではありません。批判とは、むしろその対象から肯定的に評価できるよい点を選別して引き延ばす活動のことです。つまり、批判は、否定的な営みではなく、むしろ人間の肯定的な活動だということです。

「批判」（critique）の語源となった古代ギリシア語、crinō（批判する）という言葉は、まさにこの肯定的な意味のもとで用いられていました。

批判は、よいものを選び出すという意味です。よい点、肯定されるべき点を引き延ばす営みが第一に批判の働きであり、その結果として、第二に肯定されないもの、すなわち否定的なものがもっぱらその後に残るわけです。この後者の点のもとに、一般的に理解されている批判の意味が成立したわけです。というのも、人間は、原因の作用から物事を理解するよりも、結果の痕跡――批判の場合は、結果的に残った否定されるもの――を表象することに長けているからです。

倫理学は、心や精神それ自体を、あるいはその都度のそれらの状態を単に〈～である〉という固定化された同一性の相において捉えるのではなく、つねに〈～になる〉という相のもとで、つまり生成変化の相のもとで理解しようとします。

要するに、この生成変化の相における思考そのものがまさに批判の姿だと言えるでしょう。批判とは、まさに思考の生成変化のことなのです。

しかしながら、哲学は、長い間、同一性のもとでの思考を、つまり道徳的な思考を展開することに努力し続けてきました。差異よりもはるかに同一性に価値を置いてしまうという思考の癖、この一見すると哲学的な構えこそが、実は道徳なのです。

私がここで言いたいのは、第一に、思考を同一性という道徳的呪縛から解放すること、すなわち思考を生成変化の相のもとで捉えるということであり、第二に、思考あるいは精神だけを特権化するのではなく、精神に対する価値を身体にも認めるということです。

批判は思考の肯定的な働きの一つです。では、この肯定は、そもそも何についての肯定なのでしょうか。それは、端的に言うと、身体の肯定です。

スピノザは、次のように述べていました。


なぜなら、観念の価値とその現実的な思惟力能は、対象の価値〔自己の身体の価値〕によって評価されるからである。


精神は、観念の集合体です。そして、観念は、必ず何かについての観念です。つまり、観念は、その対象、物事の理解の姿のことなのです。そして、こうした観念の価値、すなわち観念の現実的な思惟力能は、その認識の対象の価値に、すなわち認識されるものの、理解されるものの、観念されるものの価値によって評価されるのだということです（すぐ後で明らかになるように、この観念の対象は、第一には自己の身体です）。

精神と身体の存在を対等に考える心身の並行論は、言い換えると、つねに批判と臨床の並行論であることがわかるでしょう。精神と身体が並行関係をなしているなら、精神における批判と身体における臨床も、同様に並行関係になければならないでしょう。つまり、倫理的な批判哲学は、同時に倫理的な臨床哲学でもなければならないということです。
ドゥルーズは、精神と身体における並行論的な生成変化を、あるいは並行論の実在性を次のように述べています。

問題は臨床の問題である。言い換えるなら、或る有機体から別の有機体への変質の問題、あるいは進歩的で創造的な脱‐有機体化の形成の問題である。また、問題は批判の問題である。言い換えるなら、無‐意味が姿かたちを変え、カバン‐語が本性を変え、言語全体が次元を変える異なる水準の決定の問題である。(27)

ここでもっとも重要な論点は、ドゥルーズが、心身の並行論を単に批判と臨床の問題に置き換えただけでなく、並行的にその成立の水準を変えていく並行論として理解していることです。これについても、後に詳しく論じるつもりです。
精神がこうした生成変化の相における価値を見出すのは、まさに身体の変化・変様こそが精神にとっての第一の対象だからです。このようにして、超人の倫理作用は、心や精神について言われるだけでなく、それ以上に身体のうちにこそその働きの価値を認めなければならないわけです。

こうした心身の並行論の働きを〈倫理作用Σ《シグマ》〉と呼ぶことにしましょう。このシグマは、「身体」という意味をもつギリシア語のsōma（ソーマ）の頭文字からとりました。

心身関係に関するさまざまな考え方

哲学においては、あるいは形而上学的な考察においては、人間は一般的に、心と体、精神と身体、あるいは魂と肉体からできていると考えられてきました。また、現在でも多くの人々がそのように考えていると言ってよいでしょう。当然そこでは、この両者がどのような関係にあるのかに関するさまざまな説が提起されることになります。

例えば、説明は省きますが、相互作用論、随伴現象説、並行論、機会原因論、さらには観念論や唯物論の立場からの諸説……といったような、心身の関係についてのさまざまな考え方を列挙することができます。

しかし、焦点を絞って、ここでとりわけ問題にしたいのは、古代ギリシア以来、一般的に精神は、身体よりも優越する存在としてつねに捉えられてきたという点です。

その一つの典型的な考え方が、「魂は不死である」が、これに対して「肉体は可滅的である」という表現に端的に表われています。これによって、魂と肉体、精神と身体との間の存在論的な差異は、道徳的な優劣関係のなかで完全に歪められたかたちで固定化されてしまいました。それは、道徳的であるがゆえに、まさに人々の間で常識となった考え方です。

現代においても、この固定化した事態は同じようなものですが、しかし別の装いで以って展開されていると言えるでしょう。ニーチェに倣って言えば、それは、あいかわらず精神的な事柄だけに饒舌な哲学であり、心や言語や論理だけに終始した哲学です。こうしたものには注意する必要があります。というのも、そこには無批判に前提された道徳主義や主知主義、あるいは主意主義が、常識や良識とともに隠されているからです。

さて、ここでは、まず心身関係を説明するための原理や根拠として考えられた心身の相互作用論をまず取り上げ、次にそれに対する心身の並行論の意義を問題提起し、最後に私たちが現実的経験のもとで形成すべき心身の並行論について考察することにします。

つまり、ここでの問題は、単に心身関係を説明するための原理としての心身の並行論だけでなく、いくつかの水準で私たちが形成すべき、あるいは変化させるべき精神と身体の並行論というものです。この心身の生成並行論を、私はここではとくに「批判的・臨床的な並行論」と呼ぶことにしましょう。要するに、それは並行論のもとで一つの自由活動を実現することだと言ってもよいでしょう。

心身の相互作用論——これは心身関係の道徳化である

さて、ここではとくにデカルトに代表されるような「心身の相互作用論」(psycho-physical interactionism)が孕む問題をまず取り上げます。そして、そこからスピノザが提起した「心身の並行論」(psycho-physical parallelism)へと話題を移すことにしましょう。

近世初頭のデカルト以来、一般的には〈主観/客観〉の二元論的思考のもとに、心と物体、精神と身体、あるいは思考と延長物は、相互に独立に存在する実体とみなされるようになりました(現代人も、日常的にはほぼこのように考えて生きているでしょう)。

しかし、そうだからと言って、それら二つの実体が存在論的に等価・対等だと考えられたわけではありません。なぜなら、道徳的な二元論のもとでは、いつの時代であっても、物体や身体や延長物よりも、つねに心や思考や精神の側に卓越性や優越性が置かれるからです。

こうした道徳的な二元論は、思考と延長物一般との関係ではなく、とくに精神と身体との関係(デカルトにおけるとりわけ「心身合一論」)を考える際により顕著なかたちで現われてきます。

それは、いったいどのような仕方で現われるのでしょうか。

心身の相互作用論では、精神と身体との間には実在的な因果関係が成立していると考えます。つまり、精神が能動的に身体に作用するとき、身体はその働きを受け、また逆に身体が精神に影響を与えるとき、精神はその働きを受けると考えられます。要するに、一方が能動的・活動的であれば、他方は受動的・受容的になるという考え方です（例えば、精神が「右手を挙げろ」と能動的に身体に命令すれば、身体はそれに従って右手を実際に挙げる、……）。

注意すべき点は、ここではこうした〈能動／受動〉の因果的関係がもつ意義は、能動的に作用するものがどちら側であるかによって異なって了解されるということです。つまり、精神が身体に能動的に働きかけることは善いが、反対に精神が身体に働きかけられることは善くないということです。このことは、すでに述べたような、精神と身体との間に優劣の関係が想定されているならば、当然の事柄でしょう。

というのも、最初から、精神は本来的に善であり、身体は本性的に悪である、ということが想定されているからです。精神と身体の相互作用の関係は、対称性をもっていないということです。

もう少し詳しく言いましょう。

精神が身体に作用するとき、それは、身体よりも卓越した存在者である精神が、身体を屈服させて、精神自身がすでに従っている諸規則に身体を従属させることを意味します。したがって、精神から身体への因果関係は、善の作用として認識されるのです。この場合の諸規則とは、言わば〈真／偽〉、〈善／悪〉、……といったような、私たちの生から超越した規範的な価値の諸概念にもとづく記号の体制や、これがもつ秩序のことです。

これとは反対に、身体から精神への因果作用は、端的に悪しき働きであると考えられます。身体が作用して精神がその働きを受けるということは、今度は悪しき欲望や感情から精神が強い影響を受けるのに等しいことである、と考えられるわけです。つまり、ここでは、身体は、最初から道徳的な諸法則から人間を逸脱させるような要素としてしか認識されていないということです。

精神は本来的に善なるものである。したがって、もしそれが悪しき不完全なものになるとしたら、それは身体の影響を受けた結果以外にないということになります。

要するに、精神から身体への作用は道徳的であるが、反対に身体から精神への作用はまさに不道徳の実在化だということです。

ぜひ理解してもらいたいのは次の点です。精神と身体との間に実在的な因果関係を認めることは、実はこうした道徳的な使命やその遂行に対して障害になるものについての意図的な評価が隠されているということです。すなわち、ここには、身体は人間を真理や善から逸らすものである、という人間身体についての独断的なイメージにもとづく評価が前提とされているということです。

精神と身体に関する道徳化された二元論は、つねに身体に対する精神の優位性のもとでしか成立しないということがわかるでしょう。

心身の並行論――これはきわめて倫理的な心身関係論である

では、こうした心身の相互作用論に対して、心身の並行論は、どのような問題構成のもとで考えられるでしょうか。心身の並行論を最初に考えたのが、スピノザです。

スピノザは、まず次のように述べています。

われわれの身体の能動と受動の秩序は、本性上、精神の能動と受動の秩序と同時であることになる。(28)

心身の相互作用論と異なって、精神の能動は同時に身体の能動であり、また精神の受動は同時に身体の受動である、と考えるのが心身の並行論です。

もう少し詳しく言いましょう。

心身の相互作用論とは違って、心身の並行論が有している意義は次の点にあります。

(1)精神と身体との間の相互の因果関係性を完全に否定して、精神と身体を実在的に区別すること。
(2)一方が能動であれば、他方も能動であり、一方が受動であれば、他方も受動であるという完全な並行関係を積極的に定立すること。
(3)精神と身体は相互に異なるが、しかし存在論的にはまったく対等であると認めること。

これこそが、スピノザが形成した倫理作用Σ《シグマ》なのです。

これら三つの論点をもう少し詳しく見てみましょう。

第一の点からわかるのは、精神は精神にしか関わらず、身体は身体にしか関わらないということ、つまり、観念は観念にしか関わらず、延長物は延長物にしか関わらないということです。言い換えると、因果関係は、精神と精神との間で、身体と身体との間でしか成立しないということです（これは、スピノザにおける「神」の絶対的な構成に関わりますが、残念ながらここではこれ以上、触れることができません。一点だけ述べておきます。スピノザは神を前提としません。彼は、むしろ神を発生させるのです。この発生がここで言う構成と不可分な仕方で考えられるのです)。

第二の点から、具体的な並行関係の最初の特徴が得られます。精神が能動的で、別の精神に対して原因となるならば、それと同時に身体も能動的で、別の身体に対して原因となることができます。これとは反対に、精神が受動的で、或る精神による結果となるならば、それと同時に身体も同様に受動で、別の身体による結果となるわけです(ここに、スピノザにおける倫理学の最大の課題が含まれています。つまり、それは、いかにして精神と身体は、受動状態から能動的活動へと転換あるいは移行することができるのか、という課題です)。

第三の論点から、身体と精神は、まったく異なる存在の様態——一方は延長物で物体、他方は非延長的で非物体的な観念——であるにもかかわらず、存在論的には完全に対等(これを実は「一義的」(univoque)と言います)であるという考え方が確立されます。つまり、身体と精神は、質的にはまったく異なるにもかかわらず、存在論的には完全に対等だと考えられます(ここには、中世の哲学者ドゥンス・スコトゥス(一二六六‐一三〇八)以来、もっとも重要な存在論である「存在の一義性」についての発展した哲学的思考があります)。

心身関係論の価値転換

しかしながら、ここで何よりも理解していただきたいのは、次のような事柄です。

心身の相互作用論においては、心身の間の実在的な因果関係と、精神の身体に対する優劣関係とが想定されていました。しかし、こうした相互作用論におけるこの二つの根本的な観点を完全に否定する心身の並行論へと移行することは、単なる心身関係のより善い説明体系を求めてのことなどではけっしてないということです。すなわち、これは、単に説明原理を替えるということではありません。

つまり、私は、よくあるような、一方の説がいかにして他方の説を乗り超えているかといったような単なる乗り超え話、つまり学説の優劣の話をしているのではありません。これこそ道徳的な論理展開の一つです。科学や道徳からの影響を受けた素朴な哲学的議論にありがちな切り込み方、すなわち、A説はいかにしてB説を乗り超えているか、あるいは、A説は、どのように相互に対立するB説とC説との矛盾を乗り超えて両者を総合することに成功しているか、といったような、もはや死せる視点——言わば愚鈍な進歩主義の視点——をここで改めて提起しているわけではありません。

つまり、心身の相互作用論から心身の並行論への移行は、単に原理に関する説明上の有効性を規準とした、私たちのニュートラルな選択などではないということです。
次第に分かると思いますが、ここでの規準は、それが批判的で創造的であるかどうかという点だけです。これが倫理的であるということの最大の条件なのです。私がここで改めて別の観点から並行論を提起するのは、相互作用論に対して、もっぱらそれが圧倒的に批判的で創造的であるということだけを伝えたいからです。乗り越え話は、きわめて道徳的で退屈な話なのです。

さて、並行論の対外的な意義を整理して述べておきます。留意していただきたいのは、心身の並行論には、道徳学から倫理学への根本的な価値転換が、あるいは反道徳主義への人類的規模の回心が含意されているということです。これが第一の点です。
第二の点は、並行論は相互作用論よりも善い説明の体系でもなければ、相互作用論の欠点や不備を乗り越えるための理説などでもないということです。すでに述べたように、乗り越え話は、きわめて科学的であり、それゆえまた道徳的な話だからです。

ところで、スピノザは自分自身の神に関する哲学説を、あるいはとりわけ精神と身体との関係の在り方を「並行論」と称したことは実は一度もありません。この言葉を用いたのは、同じ一七世紀の哲学者であるゴットフリート・ヴィルヘルム・ライプニッツ（一六四六－一七一六)でした。

ライプニッツは、「並行論」について次のように述べています。


私は、魂に起きることと物質に起きることとの間の完全な並行論を確立した。この並行論によって私は次のことを示したのだ。つまり、魂とその働きは、物質とは区別される何らかの事物であるが、しかしその魂は物質的な諸器官をつねにともなっているし、魂の働きの方も、これに対応しなければならないような、諸器官の働きをつねにともなっている。また、このことはその逆も成り立ち、しかもつねにそうなっているだろう、と。[29]

たしかにライプニッツは、心身の並行論を自らの手で樹立したかったのです。しかしながら、ライプニッツも、デカルトが「コギト」に対してそうであったように、結局は道徳に従って、あるいは道徳的な常識に従って、身体よりもむしろ精神的な実体に、つまり「モナド」に重きを置いてしまったのではないでしょうか。

要するに、ライプニッツの並行論は、道徳的な水準にとどまっているだけで、けっして倫理の水準や形成におよそ達していないということです。

こうした点から観ても、スピノザだけが真に「並行論」の名に値する心身関係を倫理的に思考し形成しえた哲学者であると言ってよいでしょう。それゆえ、これまでの哲学史のなかで、ライプニッツが自分の哲学のために用いた言葉が、むしろスピノザの哲学の最大の特徴の一つを言い表わすために用いられてきたわけです。

物体（＝身体）の在るところ、必ず精神あり

以上のように、スピノザの並行論には精神と身体との間のいかなる優越関係も含まれていません。精神と身体は、質的にまったく異なったものです。というのも、精神は観念からなる一つの集合体であり、身体は外延的諸部分からなるまったくの延長物、すなわち、一切の精神性の入る余地のない物体だからです。

すでに何度か述べたように、相互にまったく異なる属性のもとにある――したがって、質的に異なる――精神と身体ですが、そこにはいかなる価値の優劣関係もなく、存在論的には完全に対等である、というように考えることが決定的に重要な事柄になります（補足すると、精神は思惟属性の様態であり、身体は延長属性の様態です）。

道徳的な思考は、つねに精神を身体よりも価値も存在も高いものと考え続けてきました。あるいは、こうした思考は、つねに身体を否定的に考えることで、精神により多くの価値を与えようと努力し続けてきました。

ここから、もう一つの重要な道徳的な論点があぶり出されてきます。それは、精神と身体との間に因果性を想定する以上の問題点だと言ってよいでしょう。それは、或る個物に精神を認めて、それ以外の個物に精神を認めないということです。

私たちは、この点に関して日常的にきわめて不合理な理解の仕方を実はしているのです。自分や自分以外の個物である人間には、当然の如く精神や心があると信じて生きています。では、どこから精神や心を個物について認めなくなるのでしょうか。つまり、どうしてその物に精神や心はないと認めるのでしょうか。

明らかに「人間」と認められ、そのように現に称される自分と類似した形態の個物には、自分と同じような精神や心を認めていると思います。

では、身近な動物たちである犬や猫は、あるいは野生の動物は、蝶やトンボなどの昆虫は、微生物や細菌の類は、植物や樹木は、無機物は、あるいは山や川や海は、さらに無数の人工物は、眼の前の机や椅子や本は、どうでしょうか。

存在するものの何についてまで精神や心を認めて、どこからそれを認めないような振舞いをしているのでしょうか。

この点に関して、私たちは、きわめて不合理な振舞いを無意識的におこなっていると思われます。つまり、どこまで心や精神の存在を認めるかあるいは認めないかという線引きをきわめて恣意的に、つまり人によって異なるような仕方でおこなっていることがわかるでしょう。例えば、ペットが好きな人は、犬や猫に心を認めるに違いありません。しかし、そのように感じていない人も多くいることでしょう。

これに対して、心身の並行論においては、その理解はきわめて合理的なものとなります。というのも、並行論は、スピノザに従えば、身体（＝物体）が認められるところには必ずそれに対応した精神が存在するということを言明しているからです（ラテン語のcorpus（コルプス）は、日本語の「身体」と「物体」の双方を意味する言葉です。ですから、翻訳や引用に際して、corpusという言葉が出てきた場合、文脈に応じてあるいは常識に従って、「身体」と「物体」という言葉を使い分けることになります。しかし、面倒なので、corpusをつねに「体」と訳したりする場合もあります）。

物体は身体であり、身体は物体である

精神と身体の並行論は、すべての個物、個体に妥当すると考えなければなりません。これは、単に人間にのみ妥当する考えではなく、もっと普遍性をもったものです。

スピノザを通してこの点を少しみていきましょう。

人間は精神と身体とからなり、そして人間身体はわれわれがそれを感ずるとおりに存在する、ということになる。(30)

そして、ここから次のような言明が得られます。

これによってわれわれは、人間精神が身体と合一していることを知るのみならず、精神と身体の合一をいかに解するべきかをも知る。しかし、何人も予めわれわれの身体の本性を妥当に認識するのでなくては、この合一を妥当にあるいは判明に理解することができないであろう。なぜなら、われわれがこれまで示してきたこと〔精神と身体の並行論に関すること〕は、ごく一般的な事柄であって、人間にあてはまると同様、その他の個体にもあてはまるからである。そして、すべての個体は、程度の差こそあれ、精神を有しているのである(31)［強調、引用者］。

スピノザは、ここで精神と身体の並行論が人間だけに成立している事柄ではなく、あらゆる個物、個体に妥当することを明確に述べています。

私たちの前にある机や椅子は、一つの物体（＝身体）です。つまり、それらは、それぞれに自己の身体を有しているのです。それゆえ、机や椅子は、並行論に従えば、その身体に対応した精神を有していることになります。物体があるところには必ず精神があるということは、その物体は、単なる物体ではなく、身体であるということになります。

「そんなこと考えられない！」、と多くの人が声高に言うかもしれません。

それならば、机や椅子ではなく、樹木についてはどうでしょうか。あるいは動物や昆虫、植物といった個物はどうでしょうか。

人工物ではなく、自然物について並行論を主張すると少し納得がいくと思います。私たちは、こうした自然物に或る種の精神性のようなものを帰属させることについては、それほどの違和感を覚えないでしょう（ただし、この「帰属させる」という言葉は、並行論の場合には不適切なものです。というのも、並行論は、物体のうちに精神が宿っているとか、含まれているとか、帰属しているということを言っているわけではないからです。正確に言うと、精神と身体は、相互に実在的に区別されるにもかかわらず、合一しているということです）。

その理由を一つ挙げるとすれば、人は、その対象のうちに何らかの自発的で自生的な作用を認めるならば、容易に精神的なもの——つまり、これを、例えば生命の源のようなものとして

──を想定しやすいからです。

しかし、ここでの問題は、むしろ次のように言い換えられるべきでしょう。なぜ人は、机や椅子に精神を見出すことができないのか、と。自然物については多少なりとも精神性を認めやすいのに、なぜ人工物に対してはそれをまったく認めようとしないのでしょうか。あるいは、そもそも自然物と人工物との違いは何でしょうか。

これらについて並行論は、次のように応えるでしょう。人々が机に精神を認めがたいのは、あるいは習慣的に机を物体の側面からしか認識しないのは、机の物体（身体）に対応したその精神の大部分が、その身体と同様にほぼ受動性で充たされているからだ、と。

つまり、机の身体に対応する机の精神は、その身体と同様、まったくの受動状態に固定されてしまっているからであり、それゆえ、私たちは、そこに精神の活動的な存在を考えないし、いっさいの精神性を見出すこともできないわけです。というのも、机の身体は、その外部にある別の身体によって働きかけられるだけだからです。こうした身体の受動と同様、それに対応する机の精神もまた受動性で固まってしまっているからです。

自発性や自生性、あるいは能動性を起点としてのみ精神を考えるならば、まったくの受動状態のもとに存在している机の物体（身体）にその精神を見出すことは、ほぼ不可能になるでしょう。

しかし、私がここで言いたいのは、次のようなことではありません。自然物から人工物へと移行するなかで、例えば、樹木から木材へ、そして木材から机へと、つまり、自然のなかで生い茂っていた樹木の豊かな能動性あるいは精神性（言わば生命性）を奪い去るかたちで、人間は、自分たちの都合（＝有益性）だけで机の受動性を実現しているのだ、というようなことではありません。

そうではなく、私がここで言いたいのは、樹木であれ机であれ、何であれ、その身体（物体）があるところには、必ずそれに対応した精神が存在するということです。これは、机の場合、その机の身体の受動に対応した、まったくの受動で充たされた精神がそこに存在する、ということを意味しているだけです。

身体の能動と受動の秩序あるいは系列は、精神の能動と受動の秩序あるいは系列と並行するということです。

それゆえ、物体の側から観ても、精神の側から観ても、自然物と人工物との間には本性上の決定的な差異などなく、単に度合の差異があるだけだということになるでしょう。

では、心身に関するこのような徹底した並行論はどこから出てくるのでしょうか。

スピノザの場合、それは「神あるいは自然[32]」から必然的に言われる事柄です。スピノザにおいては、自然は神と同じものです。これを仮にここで〈大自然〉と呼ぶことにしましょう。正確に言うと、これは、生み出す自然としての「能産的自然」(Natura Naturans)と生み出される自然としての「所産的自然」(Natura Naturata)とに共通の「自然」のことです[33]。このように理解されるべき自然こそが、まさに〈大自然〉なのです。

さらに言うと、私たち人間もその一部であるこの〈大自然〉は、身体と精神からなるすべての個物のもとで、それぞれの個物に固有の身体と精神とを通して多様に表現されるのです。

「神」を「自然」に置き換えてみる

すでに述べたように、スピノザの神は、人格神でも創造神でもないのですから、私たちが一般にもっている神についての先入観の完全な外部にあるようなものです。そこで、次のことを問題提起したいと思います。「神」という言葉で哲学することに、現代の多くの人々は違和感をもつと思います。そうであれば、スピノザの『エチカ』に出てくる「神」という言葉を、すべて「自然」という言葉に置き換えて読んでみたらどうでしょうか。

『エチカ』のなかに、例えば、次のような文章があります。


すべて在るものは、神のうちに在る。そして、神なしには、何ものも在りえず、また考え

られもしない。(34)

こうした言明に違和感を覚える人も、ここでの「神」を「自然」という言葉に置き換えて読んだらどうなるでしょうか。スピノザの場合、何と言っても「神あるいは自然」なのですから。

すべて在るものは、自然のうちに在る。そして、自然なしには、何ものも在りえず、また考えられもしない。

どうでしょうか。誰もが納得できる言明になると思われます。

さて、並行論の問題を再構成する前に、無神論の最高の神、すなわち「神あるいは自然」について簡単に触れておきます。

スピノザにおける神――すなわち、〈大自然〉――は、無限に多くの属性から構成されると考えられます。しかし、私たちが知りうる属性はそのうちの延長属性と思惟属性だけです。そして、延長属性はその様態として身体をもち、思惟属性はその様態として観念をもちます（精神とは、こうした観念から構成されたものです）。つまり、私たちがこの二つの属性しか認識しないのは、そもそも私たち自身がただ精神と身体とによってのみ構成された個物だからです。

ここで、スピノザの属性と様態について詳しく解説することはできませんが、属性と様態との関係だけについてアナロジーに依拠した簡単な説明をしたいと思います。

実体は、まず自らを表現する諸属性から構成されています。そして、この属性を通して自らの変化を様態として産出することになります。様態は相互に多様な差異を有しています。そして、こうした「差異」に対して「共通のもの」が実体であり、その属性だということです。

実体の属性の一つを、例えば、「白」だと考えましょう。この「白」という属性を通して実体が多様に変化するということは、そこに多様な「白さ」——無数の「白さ」の度合——が産出されるということです。

画用紙の白さ、Tシャツの白さ、白熊の白さ、雪の白さ、花の白さ、等々、多様な白さを考えることができます。それらの「白さ」は、属性「白」をそれぞれに表現する相互に多様な「白さ」であることがわかるでしょう。そして、それらは等しく「白い」のです。言い換えると、属性「白」は、必然的に多数で多様な「白さ」という姿を、つまり様態をとるということです。「白さ」という様態なしに属性「白」は、存在しえないでしょう。

ここでは、一方の様態の「白さ」が他方の様態の「白さ」よりも優れているとか、真の「白さ」に近いとか、というようなことは、まったく意味がありません。これは、多様な「白さ」について属性「白」が一義的であるということです。つまり、「白の一義性」です。これをあらゆる存在者について言うと、それは「存在の一義性」という考え方になります。スピノザの哲学は、まさに存在の一義性を思考する哲学なのです。

問題の再構成

さて、改めて問いましょう。精神とは何か。それは、観念の集合体のことです[35]。そして、観念は、必ず何かについての観念です。つまり、観念とは、つねにその対象を認識し理解する仕方、様態のことです。では、ここまで述べてきた心身の並行論において、精神の対象、つまり観念の対象とは何だったでしょうか。それは、何よりも自己の身体です。

> 人間精神を構成する観念の対象は、身体である。あるいは、現実に存在する或る延長の様態である。そして、それ以外の何ものでもない[36]。

要するに、

> 人間精神は、人間身体の観念あるいは認識にほかならない[37]。

ここから、次の重要な論点が導き出されます。

人間精神は、身体が受ける変様の観念によってのみ人間身体そのものを認識し、また身体が存在することを知るのである。[38]

目の前の或る対象aの存在を精神や心が直接に認識しているわけではありません。その対象aの身体が原因となって、私の身体に刺激が与えられることで、私はその対象aの存在を認識するわけです。

つまり、観念の対象は、自己の身体そのものではなく、実は自己の身体の変様だということになります。一つの精神を構成する諸観念は、自己の身体の多様な変様についての諸観念なのです。このように、心身の並行論は、具体的には、身体の変様（＝身体）とこの変様の観念（＝精神）との並行論を意味しています。

さて、私たちの問題はここからです。まず、問題を提起し直してみましょう。実は、私たちの課題は、今述べたような、身体は外部の別の物体（身体）から刺激を受けて絶えず変様しており、またこれと同時に、精神はこの変様についての観念を有しているのだ、といったような問題解決的なものではありません。これは、単にここでの事柄の出発点にすぎません。

そうではなく、並行論の倫理学上の問題は、こうした理論的な観想・説明からはけっして出てこないような問題構成的で実践的な並行論を提起することです（批判的・臨床的な並行論）。すなわち、それは、どのようにして感覚や感情の次元から形成されるのか、あるいは感覚や感情をともなったかたちで生成するのかという問題です。

このように私たちの問題は、現実の心身関係を単に説明しようとするだけの並行論ではなく、まさにその並行関係そのものの成立水準を変えること、その生成変化を次々と生み出すような並行論なのです。では、こうした並行論の成立水準を変化させるという問題、すなわち並行論の自由活動を実際にどのように構成したらよいでしょうか。

これこそが超人の倫理の一つの課題であります。

精神の三つの位相と身体の三つの変様

スピノザは、「想像知」、「理性知」、「直観知」という三種類の認識を提起して、それらを以下のように区別しました。

(1)第一種の認識「想像知」：感覚可能なものの刺激や漠然とした経験を通して形成される、混乱した知覚や非十全な観念からの認識。
(2)第二種の認識「理性知」：事物の存在の特質について共通概念や十全な観念を有する認識。
(3)第三種の認識「直観知」：事物の本質についての直観的な認識。[39]

心身の並行論に従うなら、これらの認識には、つまり精神の力能が発揮される各水準には、それらに対応した身体の変様が必然的に存在しているはずです。スピノザは、実はこれらの認識に対応する身体の変様そのものを身体の側から必ずしも明確に述べているわけではありません。しかしここでは、この点を少しでも明確にすることによって、生成変化する心身の並行論の課題に応えたいと思います。

単に物を記憶し表象するだけの精神ではなく、そこから概念を形成するような精神が合一されるべき身体とは、どのようなものでしょうか。そうした身体は、この精神の生成変化と並行して、何が、どのように変化するのでしょうか。

次のように考えてみましょう。「精神は思考する」あるいは「精神は認識する」と言われるならば、それに対応するのは何よりも「身体は感覚する」ということでしょう。つまり、精神における思考や認識が変化するならば、それと同時に身体の感覚や変様も以前とは異なったものになっていくということです。これは、逆も言えます。身体の変様が以前と異なった仕方で在りえるならば、それに対応した精神の変様も同時に認められるでしょう。

論点を明確にするために、私は、身体の変様を「感覚」に関して以下の三つの水準に分けて考えてみることにします。これらは、先に述べた三種類の認識（精神あるいは観念）に対応する身体の有り様です。

(1)もっぱら感覚可能なものの存在によってのみ変様するような身体の存在。
(2)それら感覚可能なもののうちで、感覚されるべきものの存在をより多く感覚するような身体の存在。
(3)もはや身体の存在ではなく、身体の本質を触発するような仕方で自らの感覚すべきものの本質を感覚する身体。

以下、順番にみていきましょう。ただし、私たちは、これらの段階を移行するかたちで、あるいはそれら諸認識を発生させる仕方で論じなければならないでしょう。そうでなければ、生成変化する心身の並行論とは言えないからです。

ただし、注意してください。先に述べた三つの精神の階梯は、けっしてその精神全体が水準を変えることではありません。そんな考え方は一つの神話です。私たちの人間精神は、そのほとんどが第一種の認識（想像知＝習慣と記憶）のもとにあります。したがって、そこからの精神の生成変化は、すべてそうした第一種の認識のうちに形成される部分的なものなのです。しかし、たとえ部分であっても、認識が変われば、その強度はまったく異なるものとなるでしょう。

そうした生成変化する心身の並行論を考える前に、どうしても感情についての話をしなくてはなりません。


〈喜び／悲しみ〉、それは〈よい／わるい〉に対応する感情である

というのも、感情は、人間にとってもっとも根本的な認識の様式だからです。私たちは、人間の感情は自然の法則とはまったく別のものに従っていると、考える傾向にあります。スピノザは、こうした考えは自然のなかの人間を「国家のなかの国家」のごときものと考えるに等しいと言います。

感情の動きは自然に反した何か別の規則に従っていて、それが、或るときには人間を崇高な存在者にしたり、別のときには堕落した動物にしたりするのだ、とつい考えたりしてしまうことはないでしょうか。しかし、こうした考え方はおかしいのです。
感情も、自然のうちにある限り、自然の法則に従っていると考えるべきでしょう。ネガティブな感情も、何らかの実在性を有するはずです。感情は、単なる自分の内なる気分ではなく、外部の物体に関するきわめて本質的な一つの認識の様式なのです。

自然のなかには自然の過誤のせいにされうるようないかなる事も起こらない。なぜなら、自然はつねに同じであり、自然の力と活動力能は、至るところで同一であるからだ。言い換えれば、万物が生起して一方の形相から他方の形相へと変化するもととなる法則および規則は、至るところでつねに同一だからである。したがって、すべての事物――それがどんなものであっても――の本性を認識する様式も、やはり同一でなければならない。すなわち、それは、自然の普遍的な法則および規則による認識でなければならない。このような訳で、憎しみ、怒り、ねたみ等の感情も、それ自体で考察すれば、その他の個物と同様に自然の必然性と力とから生じるのである。(40)

この言説の意味するところは明確でしょう。以下では、スピノザに則して、感情に関して私たちの議論に必要な論点だけを述べておくことにします。

(1)感情とは、そのほとんどが受動感情のことである。
(2)その基本感情は、喜び、悲しみ、欲望の三つである。
(3)その他の多くの感情は、これら基本感情から派生したものである。
(4)感情はきわめて重要な認識の様式であり、それは身体の力能の増大あるいは減少に関する身体の変様の観念である。
(5)喜びの感情（身体の力能の増大の観念）はその者にとっての〈よいもの〉についての認識であり、悲しみの感情（身体の力能の減少の観念）はその者にとっての〈わるいもの〉についての認識である。
(6)身体の変様に認識の価値を置いた限りで、感情が示すこの〈よい／わるい〉は個人が個人化する原理であると言える……。

感覚可能なものの存在によって触発される身体

身体の第一種の変様について。

現実の私たちの身体の存在は、その外部に同じように存在する多数の感覚可能なものの存在によって絶えず刺激を受けています。各人の身体は、それとは別の外部の物体（身体）によって絶えず触発を受けています。

したがって、こうした多くの身体の存在に全面的に依拠して変化する自己の身体に、すなわち感覚可能なものの存在からの刺激によって変様する自己の身体により多く依存したかたちで成立する精神の有り様、それが第一種の認識なのです。

感覚可能なものの存在とは、文字通り、感覚してもしなくてもいいような仕方で現われるその物の存在からの刺激のことです。必然性なしに感覚するその仕方は、別の物からの刺激でもよかったということになります。しかし、ここに感情が関わっていると考えると、途端に事態は変化するように思われます。感覚から感情へ。

というのも、私たちは、そうした可能性のなかでも、或るものからの触発がとりわけ自己にとって〈よいもの〉であるということを経験し、またそうしたものについての喜びの感情に刺激されることを経験しているからです。

これは何を意味しているのでしょうか。それは、実は可能性のうちでの感覚とは異なった感覚の仕方が、喜びの感情のうちに含まれているということです。言い換えると、そこには、実はそれら感覚可能なものの存在の表象像のうちでその個別性から特異性を区別しようとする努力が含まれているのです。
それは、その物の個別性の観念からその特異性の観念への変化なのです。つまり、そこには精神における非身体的な生成変化が含まれているということです。端的に言うと、喜びを増大させようとする自己の努力は、つねに自分にとっての特異なものとの出会い・遭遇へのベクトルをもつということです。これが自己の生存の内在的規準である〈よい／わるい〉に従って明らかになる対象の価値なのです。
しかしながら、たとえそうであったとしても、そうした出会いの対象が偶然によって自己の喜びや悲しみの原因、あるいは欲望の原因となることは避けられないでしょう。

各々の物は、偶然によって喜び・悲しみあるいは欲望の原因となりうる。(41)

しかしながら、自己の喜びをいつも単なる偶然の出会いに任せるのではなく、〈よいもの〉との出会いを必然的にするには、何が必要となるでしょうか。それは、概念であり、こうした概念に対応する身体の触発です。

感覚されるべきものの存在によって触発される身体

身体の第二種の変様について。

要するに、喜びをもたらすものとの出会いを単に偶然に任せるのではなく、自分とその対象とに共通するものの概念を作り上げようと欲望することの方がはるかに重要だということです——表象像にもとづく選択から特異な概念の形成へ。

私たちの喜びや悲しみは、そのほとんどが偶然によって生じてくる身体の変様の観念であることがわかります。例えば、或る対象aが、或る人にはよい対象であって、その物との関係において喜びに刺激されるとしても、他の人には悪しき出会いを示す悲しみの原因でしかなく、また別の人にはよくもわるくもないただの知覚しかもたらさないということを考えることができます。

それでも、その或るものが自己にとってよい対象であるかどうかの規準は、その対象と自己の身体との間に成立する触発関係のうちにしかないでしょう。しかし、そうだからと言って、それはけっして単なる心理的な事柄ではないのです。人によって同一の対象による触発の仕方が違うからと言って、それは、けっして趣味の問題や心理的な問題に還元されてしまうような事柄ではないのです。

ここには心身の並行論に関するきわめて本質的な事態が含まれています。というのも、それは、実は完全に物理的《フィジック》＝身体的な諸法則のうちにある問題だからです。身体は、物理的な延長物であり、したがって物理的な諸法則に従っています。

これは何を意味しているのか。ここから驚嘆すべき結果が得られます。すなわち、個々の身体のもとでしか明らかにならない物理的《フィジック》＝身体的な諸法則が存在するということです。それは、まさに特異性の法則です。そして、それこそが、個々の身体のもとで明らかになる〈よい／わるい〉の内在的諸規準なのです。

スピノザは次のように意識中心主義の哲学的思考を告発しています。


　彼らは、身体が何をなしうるかを、また身体の本性の単なる考察だけから何が導き出されうるかをまったく知らないのである。[42]

身体こそが、もっぱら〈善／悪〉に従う精神とではなく、まさに喜びと悲しみの感情のもとで〈よい／わるい〉の観念を形成する精神と合一する唯一の存在なのです。

そうした観念をスピノザは、「共通概念」と称しています。こうした特異性の概念が各人のもとで形成されるとすれば、たとえその都度のよい対象を失ったとしても、そこで形成された共通概念まで失われることはありません。

この共通概念とは、まさに自分の身体と外部の別の対象との間でのみ成立する〈よい／わるい〉についての法則概念だと言えます。

特殊な線や色、特別なメロディやコード進行と出会うだけでは、まだ画家でも作曲家でもありません。彼らは、自己の身体がもつ諸感官と、そうした身体の外部に現実に存在する感覚可能な諸要素との間においてのみ成立するような共通の本性についての概念、共通概念を形成する必要があるわけです。

こうした概念は、いったいどのようなものでしょうか。目の前のコップが割れたとしても、当然のことですが、コップの概念は割れたり壊れたりすることはありません。

この点について日常の価値感情に抵抗しつつ言うとすれば、それは次のようなことになります。もし、それが通常の概念ではなく、生ける概念（＝共通概念）であったならば、当の概念されているもの――この場合は、目の前のコップ――の変化とともにその身体の変様も変わるわけですから、並行論に従って、それに対応した概念も非身体的に変形していくことになります。共通概念が生ける概念だというのは、こうした意味においてです。

このような概念のリズムを形成して、はじめて彼らは芸術家になるのです。それゆえ、共通概念それ自体がまさに一つの特異性の概念なのです。

こうした概念は、実際に身体の変様との並行関係のもとで形成された物の理解の仕方だということになるでしょう。身体の変様が対象の差異を私たちに伝えるのだとしたら、共通概念はそうした差異にリズムを与えること――あるいはあの文体を与えること――だとさえ言えるでしょう。

このときの身体の存在は、その精神の運動に対応して、感覚可能なものにおいて感覚すべきものをより多く感覚するような存在になっているということです。単に感覚可能なものの表象像を作るのではなく、精神がその表象像においてまさに共通概念を形成しはじめるということは、身体が、単に感覚可能なものによってではなく、実際に感覚すべきものによって変様を受けるということです。言い換えると、これは、偶然から必然への実質的な移行です。

要するに、精神が現実に存在する特異なものについての概念を形成するプロセスは、身体の現実的存在があくまでもその存在のもとで身体の本質とより多く一致しようとするプロセスと同一だということです。

特異なもの（このもの、よいもの）を失っても、その特異なものとの間に共通概念を形成するならば、私たちはその実在的経験をつねに現在のものとすることができます。しかしながら、自分が死んでその心身の存在も無くなってしまえば、その経験の現在も消滅してしまうことでしょう。そこで、どうしても身体と精神に関する存在上の触発ではなく、その本質における触発を考えることが必要になるわけです。

自らのうちにある感覚すべきものによってその本質が触発される身体

身体の第三種の変様について。

最後に身体の本質の相のもとに精神が特異なものの本質を直観するというような事態を考える必要が出てくるわけです。これは、身体の本質が、個々の感覚可能なものの存在ではなく、特異性としての感覚すべきものの本質を感覚するということです。

この変様と第二の身体の変様とでは、何が異なっているのでしょうか。違いは、ここでは単に自己の身体の現実的存在が変様するのではなく、自己の身体の存在によって身体の本質が触発されるということです。

> 精神は永遠の相のもとに認識するすべてのものを、身体の現在の現実的存在を考えることによって認識するのではなく、身体の本質を永遠の相のもとに考えることによって認識する。[43]

第二の身体の変様は、存在する感覚すべきものによる変様ですが、それだけのことであって、その変様が身体の本質を触発するまでには至っていません。しかし、この第三の変様では、身体の現実的存在のこの変様のもとで身体の本質が触発されるということが生じるのです。そして、本質におけるこの触発の部分こそ、まさに特異なものの本質の真の永遠性だと言えるでしょう。

特異性についての生ける概念を形成するならば、なぜそれが自己にとって特異なものであるかの理由・原因がその人に理解されていることになります。それゆえ、たとえ対象としての或る特異なものを失ったとしても、自分の精神それ自体はその概念の形成部分に関しては特異性を所有し続ける、あるいは身体の存在はそれによって触発され続けるということになるでしょう。

要するに、特異なものとの現在を恒常的に所有することができるということです。しかしながら、対象の特異性を失うことではなく、まさに自己の精神と身体が失われたならば、つまり自分が死んでしまったら、そうした精神の概念も身体の変様も完全に失われてしまいます。

これに対して、この身体の本質における触発は、そしてこの触発に対応する精神の直観知は、その身体の存在や精神の持続が失われた後も、つまりその人の死後も存続する不死なるものであると言えるでしょう。[44]

本質は、一般的には永遠なるものとして定義され、存在に左右されない抽象的なものとして措定されます。しかし、ここではその本質が存在によって触発を受けるわけです。そんな経験を考え実現しようとするわけです。

このような身体の感覚と精神の感情が、あるいは身体の活動と精神の思考が、あるいはこの二つからなる私たちの経験が、各個の人間の本質を触発し、それによって各個の人間の本性を変化させるまでに至るということ、これこそが、実はここで述べたかった「倫理学の実験」の一つの結果、生成する心身の並行論の自由活動の一つの結果なのです。

倫理の働きによって各個の人間の本性を変化させることができるんだ、ということを考えてみてください。これほど実験的で、創造的な事柄がほかにあるでしょうか。

スピノザは、このようにして心身の並行論の自由活動のもっとも高貴な一つの経路を描き出したと言えます。それは、精神の側では、表象知から共通概念へ、そしてそこからさらに直観知への移行であり、同時に身体の側では、身体の存在からその本質へと感覚・触発の位相を変えるという倫理的な変様の経路です。

しかし、並行論における人間の自由活動はこれだけに限るものではけっしてありません。私たち各人が、ここで述べたような生成変化する心身の並行論を意識して、少しでも自分に固有のその自由活動を見出し実現しようとするならば、そのことがそのまま一つの倫理学の実験になるのだ、と私は強く思っております。それが、人間における若干の超人がもつ動詞だということです。

こうした精神と身体の並行論を作ること、あるいは並行関係の成立水準を動かすことがより多く意識された人生のプロセスのなかで、はじめて哲学の諸問題や倫理学の諸課題も活きたものになるのではないでしょうか。
私が考える哲学あるいは倫理学は、諸学の問題や成果、歴史的社会的な諸問題を目標にして、その後をゆっくりと追いかけていくような営みではまったくありません。哲学あるいは倫理学こそ、国家や社会、前意識的な合意や共同主観的な信念、日常の言語や形式的な論理、こうしたあてにならないものの一方的な前進を追い越すための手段であり、これらを追い抜いて生きるためのもっとも創造的な知恵の所在なのではないでしょうか。

第三章

超人の認識

遠近法主義を再学習すること（＝倫理作用Ψ《プサイ》）

つまるところ、歴史に現われるそれぞれの名前は、私だということです。……この秋、私はできる限り貧しい身なりをして、二度ほど私の埋葬に立ち会いました。最初はロビラント伯爵として（いや違います、一番深い性質から見て、私がカルロ・アルベルトである限り、あれは私の息子です）、しかし、私自身はアントネッリだったのです。[45]

認識とは解釈が固定化したものである

認識とは、解釈が固定化したものです。認識よりも解釈の根源性を主張するのが、ニーチェの「遠近法主義」（Perspektivismus）です。私はここで、この遠近法主義を第二の倫理作用として、人間における超人の働きとして提起したいと思っています。

私たちは、日常的には認識と解釈をどのように区別しているでしょうか。物を認識すると言いますが、文学作品や映画については、それを解釈すると言います。

ところが、文学作品も映画も、まず文字の認識や映像の認識が成立した後で、解釈がおこなわれると考えることもできるでしょう。それゆえ、認識の方が解釈よりも基本的であると一般的に言えるわけです。つまり、ニーチェは、常識とは反対のことを言ったわけです。

別の例、スポーツの種目の違いからこの点を考えてみましょう。

認識種目と解釈種目という風に、スポーツの種目を分けてみましょう。速さや高さや長さ――つまり、量――を競い合う種目は明らかに認識種目です。というのは、陸上の百メートル競走において、誰が一番速く走ったのかを解釈しようなどと言う人は誰もいません。こうした競争は、ただ認識すればいいだけなのですから。

では、演技種目といわれるような競技はどうでしょうか。これは少なからず解釈に依拠するところがあります。重要な点は、こうした演技種目においては、なるべくそうした解釈する部分――つまり、質――を少なくするために、客観的な基準を詳細に示して、その演技をなるべく認識へと還元可能にしようとしていることです。換言すると、それは、質を量に還元するということでもあります。

こうした点から見ても、認識は、解釈よりも優れた、人間に共通の能力であるという判断を下すことは可能でしょう。

しかし、それにもかかわらず、解釈の認識に対する根源性の主張は、どのようにして、いかにして成立するのでしょうか。

遠近法と遠近法主義

改めて問いましょう。遠近法主義とは何でしょうか。つまり、遠近法《パースペクティヴ》を主義にするとはどういうことであるのか。そもそもそんなことが可能なのでしょうか。こうした意味を込めて、再び遠近法主義とは何でありうるのか。

そこで、私たちがここで問うべき問題は、およそ次のようになるでしょう。いかにして遠近法主義は、道徳とそれが関わる認識論的基盤に抗して、倫理における認識論を成立させうるのか、と。

ここでは、とくにニーチェの放った一本の矢であるこの遠近法主義が切り裂く思考を改めて考えてみたいと思います。(46)

遠近法主義とは、
(1)多様で特異な個々の遠近法の生成を肯定すること。

(2)それら個々の遠近法が含むあらゆる解釈について解釈（あるいは認識）の一義性を刻印することです。

遠近法と遠近法主義とを区別して、次のように考えましょう。すなわち、遠近法は解釈の生成そのもののことであり、また、遠近法主義はそれらの生成に存在の性質を、すなわち一義性を刻印することです。これについては、また改めて述べます。
無数にある遠近法のうちの一つであるニーチェの遠近法、つまりニーチェという名をもつパースペクティヴは、それ自体がこの遠近法主義を実在的に——発生的に——定義する発生的要素でなければならないでしょう(47)。

さて、ピエール・クロソウスキー（一九〇五－二〇〇一）は、ドゥルーズに捧げた『ニーチェと悪循環』のなかで次のように述べています。

われわれはテクストのなかにニーチェを読み取り、ニーチェが語るのを聞き取ろうとするが、ひょっとしたらわれわれは、「われわれ自身」のためにニーチェを語らせているのではないだろうか(48)。

こうした危惧を私たちに抱かせる理由は、例えば、マルティン・ハイデガー（一八八九－一九七六）の『ニーチェ』――クロソウスキーはこの著作の仏訳者でもあります――のなかに端的に見出すことができるでしょう。

ニーチェにおいては余儀ないこと、したがって正当なことであっても、それはけっして他の人には妥当しない。なぜなら、ニーチェはニーチェであって、唯一の存在だからである。[49]

ハイデガーが語るこの唯一無二の、かけがえのない存在であるニーチェとは何か。それは、ニーチェの特殊性を言っているわけではありません。ここで言われている「唯一の存在」とは、要するに、ニーチェにおける〈このもの性〉のこと、つまりニーチェ自身の遠近法のことです。
それは、第一には反道徳的な遠近法、すなわち私がここで言う倫理作用のことです。そして、それは、第二には先に述べたような遠近法主義の最近原因あるいは発生的要素そのもののことです。

個別性（個々のもの）と特異性（このもの）

精神は、認識し思考します。私たちの精神は、すっかり出来上がったものではなく、つねに途上にあり、生成変化しています。しかし、たとえ精神がそうした生成変化する存在であったとしても、それが何らかの水準に完全に固定化してしまうということもまた事実でしょう。例えば、私たちの精神は、自分の身体に刺激を与えてくる事物の表象像でほとんど充たされています。スピノザは、私たちが有している物の表象像にもとづくようなこうした知を批判しました。そして、彼は、こうした表象を私たちに与え続ける根本的な秩序が二つあると考えたのです。それは、記憶と習慣です。

しかし、ここで注意すべき点は、問題は表象の次元に固定化された精神の方であって、記憶や習慣、あるいは表象それ自体ではないということです。

現に私たちは、さまざまな表象のうちにあっても、「個別的なもの」から「特異なもの」を区別し、また多くの個別的なものから特異なものを選別しているからです。それゆえ、この選択の力（例えば、欲望）が表象のうちにつねに固定されていることの方が問題なわけです。

こうした意味においてスピノザは、まさに表象から概念へ、そして概念から直観へと、精神と身体の並行論の作動水準を部分的に変化させることを提起したのです。要するに、物の表象像に終始した欲望ではなく、まずは概念形成を欲望するということです。

こうした論点を先ほど少し述べた「個別的なもの」と「特異なもの」との区別を用いて考えてみましょう。

ドゥルーズは、〈個別性－一般性〉(particularité－généralité) と〈特異性－普遍性〉(singularité－universalité) とを批判的に区別しました。誤解を畏れずに単純化して言えば、個別性、つまり個別的なものとは代替可能なものであり、それゆえ、つねに一般性に還元されるようなもののことです。

例えば、こういうことです。大学の講義に出席する場合、学生は必ずどれかの椅子に座ります。この場合、その学生にとって座る椅子はおそらくどれでもよかったはずです。椅子一般に座ることはできないので、教室に入ったら、必ずどれか特定の椅子に座ることになるわけですが、とりあえず座る椅子はどれでもかまわなかったはずです。

言い換えると、実際に座っているその個別の椅子の現実存在は、その学生にとっては椅子一般の代表（代理）にすぎないということです。つまり、その学生は、〈個別性－一般性〉の相のもとで、つまり個別の椅子と椅子一般の概念との相のもとで、その個別の椅子に座っているのだ、とも言ってよいでしょう。

これは、また可能性という概念にもつながっています。というのも、その学生は、いくらでも別の椅子に座ることもできただろう、と考えられうるからです。〈個別性－一般性〉は、このようにして可能性の概念と不可分になります。

これに対して、特異性あるいは特異なものとは何でしょうか。それは、代替不可能なものであり、こうした〈個別性－一般性〉に還元不可能な或るもの、すなわち「このもの性」のことです。

対比するために、あえて同じ椅子の例を用いてみましょう。他の椅子とは代替不可能なものとしてその椅子に座るという場合、その椅子は、まさにその学生にとっての唯一のこの椅子ということになるでしょう。それは、つまり〈特異性－普遍性〉のもとでその椅子に座ることであると言えます。

これは、必然性の概念をともなっています。なぜなら、この場合の〈特異性－普遍性〉は、それ以外の別の椅子に座る可能性のないなかでその椅子に座ることだからです。その限りでその椅子は、個別の椅子ではなく、特異なこの椅子としてその人に認識されているわけです。

さて、個別性と特異性との区別は、大抵は各個人の心理的な側面に、つまり彼らの記憶と習慣の多くに依拠しています。或るものがその人にとって特異なものとみなされるとき、それは、その人にとってのまさに「このもの」——例えば、この私、この人、この猫、等々——として先ずは現われてくるということです。

したがって、同じ物が、或る人にとっては特異なものであったり、他の人には単なる個別的なものであったりするわけです。あるいは、一人の同じ人物のなかでさえ、特異であったものが時間とともに個別的なものに変化したり、反対に最初は単なる個別的であったものが特異なものに変化したりするわけです。

要するに、その物の〈このもの性〉を支えているのは、各人の心理的な側面によってである、と一般的には考えられるわけです。

〈このもの〉との関係における喜びと悲しみ

こうした心理的なレヴェルでの個別性と特異性の差異については、文芸評論家の柄谷行人（一九四一―）がとてもわかりやすい例を挙げています。

或る男（女）が失恋したとき、人は「女（男）は他にいくらでもいるじゃないか」と慰める。こういう慰め方は不当である。なぜなら、失恋した者はこの女（男）に失恋したのであって、それは代替不可能だからである。この女（男）は、けっして女（男）という一般概念（述語）に属さない。こういう慰め方をする者は「恋愛」を知らないはずである。しかし、知っていたとしても、なおこのように慰めるほかないのかもしれない。失恋の傷から癒えることは、結局この女（男）を、類（一般性）のなかの個としてみなすことであるから。また、多くの場合、この女（男）への固執は、一般的なものの代理（想起）でしかないから[50]。


恋愛などの場合、特異なもの〈この人〉との出会いは、多くの場合に人を喜びへと向かわせますが、それを失ったときは、反対にその人に深い悲しみをもたらすでしょう。というのは、喜びが大きければ、それだけそれに対する悲しみも大きくなるからです。

しかし、この悲しみから抜け出すためには、何が必要でしょうか。それは、一般的に言うと、時間の経過が必要なのはもちろんですが、どうしても「諦める」という態度が要求されます。つまり、「諦める」とは、言わばその特異なもの、〈このもの〉を一般性の代理としての個別的なものへと変化させる努力のことです。

これに対して、或る人にとって或るものが人生のなかで最初から〈このもの〉という仕方で現われる場合もあります。自分の両親や兄弟、あるいは自分の子供は、その人にとっては最初から代替不可能な〈このもの〉でしょう。例えば、失恋の場合とはまったく違って、子供に死なれた親に対して、「また生めばいいじゃないか」と言って慰めることなどとてもできません。

というのは、「死んだのはこの子であって、子供一般ではない」のですから。

しかしながら、このような場合でも、実はその傷が癒えることは、失恋の場合と同様、特異性が個別性に、つまり一般性の代理、代表、表象に還元され吸収されることを意味します。この女（男）は、個別の女（男）へと、要するに女（男）一般へと、そして死んだこの子供も、その特異性を保持しつつも、死者一般へと、つまり人間という死すべき存在へと還元されていくのです。

それゆえ、次のような考え方が成立するわけです。心に深い傷を負いたくなければ、生きていくなかで、なるべくなら積極的には、自分の周囲に代替不可能なもの、かけがえのないもの、すなわち特異なものを作らないことだ、と。すべてのものを交換可能なものに留めておけば、何であれ、それを失ったときの悲しみは、それほど深くはならないからです。

親や兄弟姉妹は仕方がない。というのも、彼ら彼女らは、与えられた特異なものだから。しかし、自分の人生で積極的に特異なもの――例えば、愛する対象――を作らないようにしよう、と。

しかし、たとえこんな風に考えたとしても、人は単なる個別性だけでは生きていけないのではないでしょうか。いや、こういう否定的な言い方はよくありません。むしろ肯定的に言うべきでしょう。つまり、人は或るものを特異なものにする限りで、自らの生きる意味や価値を見出すのだ、と。しかも、人は、そもそも自分自身をつねに交換不可能なもの、つまり特異なもの——この私——として感じているのではないでしょうか。

私たちは、特異なものとの出会いを望み、或るものを特異なものとして認知したいと思っています。なぜなら、それは、より多くの喜びを感じようとする力、すなわち自己の存在を肯定しようとする力がつねに人間のうちで働いているからです。

こうした力こそが、まさにその人間にとっての〈よい／わるい〉の位相、実存の様式という言わば一つの生にとって——一般的な生き方ではなく——のもっとも必然的な位相を示しているのではないでしょうか。

喜びとは、自分自身の現実の存在（＝実存）と自分の為しうる力（＝本質）とがより多く一致する方向へと向かう際に感じられる感情のことです。つまり、喜びの感情に刺激されるのは、自分の〈できる〉という本質の力が自分の現実の生活のなかでより多く発揮されるときです。

これに反して、悲しみとは、自分の為しうること（＝本質）と自分自身の存在（＝実存）とが引き離され、その一致が阻害される方向へと向かう際に感じられる感情のことです。つまり、悲しみの感情に刺激されるのは、自分は〈できる〉のに、特定の具体的な状況や状態によってより多くできなくなるときです。

それゆえ、私たちは、あるいは人間も含めたすべての個物は、自己の現実的な存在と自己の本質的な力とがつねに一致するように、つまり喜びを確かなものとし、それを増大させようと欲望し努力するわけです。

心理的水準の〈このもの性〉

しかし、先に挙げた恋愛の事例からもわかるように、特異なものとは、やはりスピノザの言う習慣や記憶の秩序のなかで生み出されたものではないでしょうか。つまり、例えば、「この女（男）」というときの「この」は、各個人の経験や体験に依拠した、きわめて個人の心理的意識に支えられた特異性を示しているにすぎないわけです。

それゆえ、特異性は、個人の趣味の問題であり、個人の心理状態のうちに隠された私秘性のもとにあると言われるわけです。個別性は公共的で社会的なものであるが、特異性はきわめて個人的で私秘的なものである、と。

したがって、特異性あるいは〈このもの性〉は、個人によって実感されたり直感されたりするだけのものである以上、個別性に付着した単なる心的な偶有性である、とさえ考えられてしまうでしょう。

私はここで、単に特異性だけに価値があると言いたいわけではありません。そうではなく、重要な論点は、私たち人間には個別性から特異性を区別する力があるということです。言い換えると、その力は、概念の一般性を超えた或る普遍的な性質を示しているのではないかということです。

個別性と特異性との区別は事実であり、私は、そのこと自体がもっと肯定的に示され、そこにもっと多くの哲学的な言葉が費やされるべきだと思っています。というのも、この積極的な区別は、倫理の働きによってのみもたらされるものだからです。

しかし、この場合に、単なる一般的なものの代理としての個別的なものと交換不可能な特異なものとを区別できる或る普遍的な力は、ほとんど表象力（あるいは想像力）と一つになった限りでのみ、その力を発揮しているのではないでしょうか。言い方を換えると、ここでの精神は、外部の物体（あるいは身体）を「他者の眼」で見ることしかできないということを示しています。

もっとも分かりやすい例の一つは、とりわけ流行の洋服を買うときなどがそうでしょう。試着したとき、私たちは必ず自分の姿を鏡に映します。その際に、その新しい服を着た自分の姿を眺める眼差しは、身体的には自分の眼ですが、精神的には完全に他者の眼になっているのではないでしょうか。つまり、他人からどう見えるかが最重要になっているわけです。

ここで言う「他者の眼」とは、同時に「他者の欲望」を表わしています。その流行の洋服を欲すること、つまりその購買への意志は、そもそも他者の欲望なのです。こうして、自分の意志は、既に他者の欲望によって、あるいはその欲望の模倣によって成立したものとなるでしょう。それはまた、「他者の意見」によって動かされるということでもあります。

ここでは、あの選択の力、個別性から特異性を区別する普遍性の力は、他者の眼、他者の欲望、他者の意見に充たされているわけです。自己の欲望とは、他者の欲望を模倣した限りでのみ成立するのです。

〈このもの性〉における非心理的な対象性

従来の西洋哲学における認識論あるいは存在論は、そのほとんどが対象の個別性と一般性にしか関わっていないと言えます。私たちは、特異性と普遍性に関する認識論や存在論を考えてみなければなりません。

ここまで述べてきたように、表象知のなかでも、個別性から特異性へ、あるいは特異性から個別性へと対象の変化はたしかに生じているのです。しかし、これは、その多くをその人間の心理に依拠した、すなわち習慣や記憶の秩序に依存した認識論上の変化だということです。

それでは、何が問題なのでしょうか。特異性あるいは〈このもの性〉は、単に各個の人間が有している心理によってしか支えられないような儚いものなのでしょうか。人が或るものを特異なものとして認識するのは、つまり或る個別的なもの（例えば、一匹の犬、一人の人間、等々）を特異なもの（この犬、この人、等々）に変化させるのは、多くの場合、記憶と習慣に依存した、あるいはそれらと共犯関係にある表象や意見にもとづいています。

　この場合に、個別性から特異性を区別する普遍性の力は、そのほとんどが想像力や意見の力で充たされているわけです。ですから、すべては、実は時代や社会や特定の共同体の幻想に、あるいは家族内や仲間内の幻想にすぎないのかもしれない、と考えられてしまうようなことが時々あるのかもしれません。これは、そうした表象力や意見の過剰さに充たされた精神に応じた疑念であると言えるでしょう。

　さて、スピノザの思想から肯定的に取り出してきた「倫理学の実験」とは、一言で言えば、こうした変化の秩序それ自体を変えることです。

　ここではじめて、先ほど述べた特異性と対になった「普遍性」が何を意味していたのかが理解可能になるでしょう。端的に言えば、概念の一般性を超えた普遍性とは、力、力能、欲望のことです。つまり、この場合の普遍性とは、とりわけ個別性から特異性を区別し選択する力、あるいはそれらの一方から他方への変質と移行を実現する力能だと言ってよいでしょう。

　それこそが、各人がもつ人間の本質、アクチュアルな本質、すなわち、スピノザが言うコナトゥス（努力、欲望）というものなのです。そして、この普遍性は、とくに表象（想像）や意見から共通概念へ、さらに共通概念から直観知へと、その力が発揮される水準を移行するものだということです。

このようにして、普遍性とは、一つの働きであり、動くものなのです。まさに個物が運動するように、個人をまさに個人化させる倫理の働きのことだったわけです（本書の冒頭に挙げたニーチェの引用文を思い起こしてください）。

言い換えると、普遍性が動くということは、或るものの個別性からその特異性を取り出してくる水準、あるいはそれらを区別する規準そのものを変えるということです。

表象像の間の特徴的な差異によって特異なものへと動かされたならば、その出会いの結果に翻弄されるのではなく、次の段階では自分とその特異なものにだけ適用しうるような概念を形成すべきなのです。それがその出会いを、単なる心理的水準において理解することを超えて、非心理的な実在性のもとで認識することにつながっているのです。

脱構築の倫理

さて、ここで遠近法主義がいかなる思想を提起していたのかがわかります。端的に言うと、それは、〈個別性－一般性〉の認識から〈特異性－普遍性〉の解釈へと精神の水準あるいはパトスの様態を変化させることです。

ここでは、こうした論点を「脱構築」という特異な考え方を通して遠近法主義の哲学に迫ってみたいと思います。ジャック・デリダ（一九三〇－二〇〇四）という二〇世紀のフランスの哲学者が提起した、有名な「脱構築」（déconstruction）という思想運動があります。

それは、端的に言えば、西洋の形而上学を支えるさまざまな思想上の構築物を解体しようとする試みであります。そして、この解体運動は、ニーチェの思想を深く体現したものでもあります。ニーチェは、これまで述べてきたように、〈真／偽〉や〈善／悪〉という超越的な規範概念によって構築された道徳的世界を罵倒し批判し続けました。

脱構築とは、例えば、そうした道徳的世界を支える一つとして、或るテクストとその解釈群の特殊な関係に着目し、それらが構築している悪しき位階秩序を破壊しようと目論む思想のことです。

ここで直ちに以下のような疑問がわいてきます。
(1)それならば、脱構築は、単に伝統的な形而上学の諸体系を破壊し解体することだけを提唱する思想運動なのでしょうか。
(2)もし、それだけであるならば、テクストの真の意味あるいは作品の真理をより善く開示し展開するという一元的な価値尺度のなかで道徳的に序列化された諸解釈を解放して、その体系を解体したとしても、そこに残るのは、現実の私たちが望んだり、選択したりすることができないほどに並列化した、その限りで衰弱した諸解釈だけなのではないでしょうか（すぐ後で出てくる「多元主義」とはこの状態を指しています）。あるいは、テクストを生み出し、作品を形成するということは、最初から諸々の解釈の間の力の差異を否定した限りでのみ成立する活動なのでしょうか。
(3)脱構築が解釈の多元主義を主張するならば、つまり今述べたような諸解釈の並列化やそれらの力の差異の否定を主張するならば、人は脱構築のなかでは何らかの特定の解釈を選択することが不可能になるのではないでしょうか。
さて、デリダは、或るインタヴューのなかで、脱構築につねに纏わりついてくるこの種の疑念に対して次のような明確な回答を与えています。

> 私は多元主義者ではありませんし、あらゆる解釈が対等であるなどとけっして言うつもりもありませんが、だからと言って私が解釈するのでもありません。解釈が自己自身を選択するのです。その意味で私はニーチェ主義者です。ご存知のように、ニーチェは、差異化の原理がそれ自体で選択的であることを提起しています。同じものの永遠回帰は反復では

なく、より強力な諸力の選択なのです。ですから、私は、何らかの解釈が他の解釈よりも真理により近いなどとは言いません。私は、何らかの解釈は他の解釈よりも強力であると申し上げたいのです。位階序列《ヒエラルキー》は諸力の間にあるのであって、真理と虚偽との間にあるのではありません。より多くの意味を明らかにするような諸解釈が存在し、それが規準となるのです。[51]

解釈はそれ自体が選択的であるということ、すなわち、それぞれの解釈は、それ自体が解釈されるべき作品の必然的な表現だということです。つまり、解釈においては、解釈以外に別の選択規準は存在しないと言いたいわけです。言い換えると、解釈は、自らのうちに内在的な諸規準を有しているのです。

解釈は、それ自体で価値を有しているとも言えるでしょう。解釈は、一つの真理に対して選ばれるのではなく、作品の力によって、その表現によってそれ自体選ばれたものだということです。つまり、一つの真理を想定して、それにより近いかあるいはより遠いかという規準によって、諸解釈の間の価値が定まるわけではありません。解釈は、作品そのものを構成する属性なのです。

これが、「ニーチェ主義者」たるデリダがここで述べている、「真理により近い」にまったく対立する「より強力である」ということです。デリダはここで、脱構築という一つの肯定的運動をまさにニーチェの遠近法主義に即して明確に述べていると言ってもよいでしょう。

真理への意志

もう少し具体的に考えてみましょう。

ここに或る作品αがあるとします。次に、この作品αに対するいくつかの理解の仕方、つまり複数の解釈を想定することができます。

ところが、それらの解釈が、排他的な道徳的真面目さのもとでもっぱらその作品の唯一の真理（あるいはその作品の真の意味）の存在を大前提にして、それに接近すること、それをより善く開示し展開することを最大の目的としてなされた場合、どのような事態が起こるでしょうか。

或る作品のうちにある真理（＝その真の意味）をめぐって生じた解釈をここでは、すべてV解釈と記すことにします。これは、フランス語で「真理」を表わす言葉、Vérité の頭文字から取りました。

結果的に、そこには一つの支配的な解釈V_1を頂点とした、V_2、V_3、V_4…という、作品の真理に対する接近度を、つまりその真理により近いかあるいはより遠いかを唯一の尺度とした諸解釈の位階序列《ヒエラルキー》が形成されることになります。

この場合に、作品αについての真理（あるいはその作品がもつべき真の意味）を探求するような他の諸々の解釈、V_2、V_3、V_4…のどれかが支配的な解釈V_1の座を奪ったとしても、作品とその作品の真理をめぐった解釈との関係であるこの〈α－V〉関係は、けっして解体されないでしょう。

というのも、それは単に首のすげ替えにすぎないからです。根本構造は何も変わっていません。つまり、一つの真理とそれをめぐる諸解釈の闘いとの間の構造を変えるような事柄は何も生じてはいないからです。

先に述べた「支配的な」とは、作品αについて解釈V_1が他のいかなる解釈よりもその作品の真理に近い、あるいはその真理をより善く開示していることを意味しています。この場合の作品の真理（＝真の意味）は、あらゆる解釈にとって到達すべき唯一の目的であり、まさにそれら解釈にとっての〈目的因〉として作用しています。つまり、真理とは到達すべき目的として設定されたものなのです。

さて、問題は、こうした目的因のもとでの私たちの活動がつねに否定を媒介としたものになるという点にあります。というのも、あらゆる解釈の位置づけが一つの目的への接近の活動として考えられる以上、各々の解釈の価値は、まさにこの目的＝真理にいかに近いか遠いかによってしか評価されないからです。つまり、どんな解釈の活動も、さらなる近さを目指してその遠さを否定しなければならないからです。そのようにして、自分よりも目的から遠いものを必然的に否定し非難することになるわけです。

作品の真理に対する解釈活動のすべては、ほとんどこうした意味のなかでの営みになります。そして、これがデリダの言う「真理と虚偽との間」で作られた諸解釈の位階序列なのです。

したがって、脱構築の問題は、いかにして諸解釈がもつこうした〈Vの言語〉（真理を前提とした解釈の言語、あるいは真理への意志を有した言語とその使用）を機能不全にするかということです。

なぜなら、言い換えると、特定の主人（君主）の身体をどれほど殺したとしても、あるいは奴隷が主人と共通の土壌でいくら闘争したとしても、主人（君主）の言語を、あるいはその言葉遣いを殺さない限り、予め与えられた真理の構造は依然として存在し続けるからです[52]。

意志の二つの使用法

実はニーチェにおける遠近法主義の問題も、同様にこうしたいわゆる「真理への意志」によって結合した〈α－V〉――つまり〈真理－解釈〉――の関係を解体することにあったのです。

こうした意志の使用を、意志の外部にあるもの――この場合に、意志の外にあるのは真理です――を欲するという意味で、意志の「超越的使用」と呼びましょう。実はすべての意志を、ニーチェのように、「力能の意志」（多くの場合、「力への意志」、「権力への意志」と訳されているもの）と考えるならば、これは、言わば力能の意志の〈超越的使用〉にほかならないことになります。

一般的によく言われる「権力欲」などは、まさにこの使用に最適な例――「政治」とはかけ離れた「政治家」の愚鈍な意志――を与えてくれるでしょう。

それならば、これに対する力能の意志の「内在的使用」とは、どのようなものになるでしょうか。あるいは、内在的に使用された力能の意志とは、いかなるものでしょうか。

端的に言うと、それは意志のうちで意志しているもののことです[53]。つまり、力能の意志とは、自らの外側にあるような権力や力を欲することではなく、自らのうちにある倫理作用そのもののことなのです。

要するに、第一に、意志しているものとは意志の働きそのもののことであり、第二に、この意志の働きとは、内在的に考えられている限り、倫理作用そのもののことだということです[54]。

意志の超越的使用とは、真理への意志として成立するような道徳的使用のことです。これに反して、意志の内在的使用とは、本書を通して述べているような、一切の道徳的使用を批判しうる、自由意志（＝意志の超越的使用）とは何の関係もない倫理作用そのもののことなのです。

さて、それにしても、作品への私たちのアプローチは、その作品の真理を目的因として、そこに引っ張られるようにして接近するという仕方しかありえないのでしょうか。そんなことはないでしょう。

多様性の確保

作品の真理、すなわちその本質を道徳的な真面目さや排他性から引き離して、例えば、「真理」（Vérité）よりも本質的な隠された視点であるような解釈、例えば、「面白さ」（intérêt）、「擬態」（mimique）、「触発」（affect）、「戯れ」（jeu）、等々を実現するような解釈もあるはずでしょう。

私たちは、こうした多様な視線から構成される解釈空間（i、m、a、j…）を構成することもできるでしょう（ここでは、先のVの言語使用はもはや特権的なアプローチではなく、むしろ小文字のvで表わされるべき一つの解釈方法にすぎません）。これが「多元論」の実現の仕方の一つです。

ニーチェは、脱構築の原点となるような、有名な断想を残しています。

同一のテクストは無数の解釈を許す。〈正当な〉解釈は存在しない。[55]

この第一の言明(「同一のテクストは無数の解釈を許す」)は、同一のテクストについての複数の解釈の可能性が示されているだけです。したがって、これだけでは、諸々の解釈の間の闘争は、依然として一つの真理や真の意味をめぐる争いであるという可能性が残ったままになります。

言い換えると、これだけでは、「無数の解釈」という名のもとで、私たちの生を超えた、超越的な真理や価値に固定された遠近法が、つまりテクストそれ自体といったかたちでの物自体を前提としたような「道徳的遠近法」が一つのパースペクティヴとして依然可能であるということです。

つまり、ニーチェが「遠近法主義」を主張するためには、この第一の言明だけでは不十分であり、そのためには第二の言明(「〈正当な〉解釈は存在しない」)が不可欠となります。正当な解釈など存在しないとすれば、遠近法主義における諸解釈あるいは諸遠近法の間の相互の差異は、まさに共通の価値の尺度や評価の土台をもたないということになるでしょう。

或る一つの真理から近いか遠いかによって諸々の解釈の間に序列関係が打ち立てられるような、そんな支配や服従の関係はもはやどこにもないということです。ここにあるのは言わば〈対立なき区別〉であり、これらの区別によって諸々の解釈あるいは諸々の遠近法は、それ自体において一つの多様性を形成しています。

遠近法を否定する二つの仕方（理想的、客観的）

たしかに視点なしに物事の理解は進まないでしょう。しかし、道徳的遠近法は、次のような解釈を含んだ遠近法だと言えます。すなわち、認識に際して〈視点を取る〉、〈視点をもつ〉ということは、少なからず物事の真実（その真の意味）が見えなくなること、真理から遠ざかること、真理を隠蔽することであり、したがって、こうした視点の否定、視点の克服こそが道徳的努力の意義を有しているのだ、と。

不思議なことに、道徳的遠近法は、言わば自らの否定によって成立しているような一つの視点なのです。

つまり、ここでは、或る視点からの対象の見え方、その物の見える姿は、つねに不完全であり（多くの場合、この不完全性は、「主観的」という言葉で片付けられているものです）、物の認識に関して、もっとも理想的で完全なのは、無視点的に物を認識することだと考えられることになるでしょう（多くの場合、こうした完全性についてまさに「客観的」という言い方が為されてきました）。

さて、こうした意味での無視点化、つまり理想の認識を目的とした無視点化には、実は二つの典型的な仕方があります。
(1)或る認識対象に対して、時間的にも空間的にも、考えられうる限りの無数の視点を想定して、それら個々の視点がもちうる特異性を奪い去るかたちで、その対象の客観的な像を確保しようとすること。
(2)その物のもっとも完全な表象像（典型的な姿）が得られると想定された特権的な視点を、言い換えると、無視点的という意味で何らかの理想を備えた一つの視点を定立しようとすること。
例えば、この(1)を現象の世界に、(2)を物自体の世界に対応させて、認識と実践の領域を確定したのが、まさにイマヌエル・カント（一七二四－一八〇四）であり、したがってここに道徳的態度を見出すことはそれほど困難なことではないでしょう。

これらは、視点が生み出す差異をそのままでは肯定できないという限りで、双方ともまさに道徳的なのです。それだけでなく、道徳とは、その視点が視線となり、さらには遠近法へと生成することを認めることのできない硬直した視点のことです。

つまり、道徳には、それゆえ個々の視点が生み出す諸差異を無視するような、言わば〈無差異な形式的一般性〉を前提とする習慣があります。

また、これと同様に、ここでは一切の認識対象を固定した観点から捉えようとするような、言わば〈生成なき形式的同一性〉への嗜好がつねにあります。

道徳を声高に主張する人々も、また直接には道徳を主張しないように見えて、しかしこうした差異なき形式的一般性や、生成なき形式的同一性にひたすら従事している人々も、ともに遠近法主義がもつ大いなる自負心を打ち砕こうとし、また遠近法主義を発生させるような遠近法をもつ者たちを〈非‐真理〉という病を患った人間として告発します。また同時に、彼らは、倫理《エチカ》という〈偽なる思考〉の自負心にも、つまり〈よい／わるい〉という病に対してもただならぬ嫌悪を感じるのです。

というのも、彼らは、その認識することの理想そのもの、言い換えれば、自分たちが前提としている〈真理＝健康〉についてはけっして疑わず、また自らの道徳性が有する思い上がりそのもの、つまり〈善＝健康〉を問題視することもないでしょう。あるいは、何よりもその道徳に関する様々な実感が有している本性や起源が、つまり〈真理＝善＝健康〉がそもそも病なのだという視線をもつことはけっしてないでしょう。[56] 倫理は、つねに人々の憎悪の対象だからです。スピノザの哲学がまさにそうでした。ドゥルーズは、次のように述べています。

> これほど哲学者と呼ばれるに値する哲学者もいなかったが、またこれほど罵られ憎悪された哲学者もいなかった。[57]

そうなのです。反道徳的な倫理を語る者は、つねに人々から罵られ憎悪される覚悟をもつ必要があります。

視点・視線・遠近法

さて、スピノザも、「物をそれ自体で観る」(res in se considerata)ことを主張しています。[58]
しかし、そこには道徳的思考に裏打ちされたような、「物自体」の考え方はまったくありません。

つまり、そこでは、対象の物自体性を現象に対して先行的にあるいは優越的に措定することも、あるいは視点について相対主義に陥ることも、もはや問題とはならないでしょう。スピノザにおいて「物をそれ自体で観る」ということは、むしろニーチェにおける遠近法主義に近いのです。そこには、或る絶対主義があります。
私たちが視点を取ること、すなわち、私たちが各々の視点からその物をそのように知覚することは、単にその物の外部に存在する認識主観や主体の知性の問題ではないということです。それは、視点を取るものの力、力能の問題、言い換えると、感性の問題、パトスの問題なのです。ニーチェならば、それこそがまさに力能の意志の問題であると言うでしょう。

力能の意志は、存在でも生成でもなく、パトスであり、——生成が、作用がそこからはじめて生じてくるもっとも基本的な事実である……[59]。

視点を取るとは、視点を取ることができるという意味であり、それは力の問題なのです。つまり、視点とは、そこからその物をそのように知覚することができるという力による問題提起なのです。言い換えると、視点が力能の意志に関係づけられることによって、視点は、はじめて質的な視線となり、さらに強度的な遠近法になるのです。

或る同一物を異なった視点から見れば、その物の見える姿は、たしかに多様な差異のもとに現われるでしょう。しかし、それでも視点の複数性と視線の多様性とは違います。

この限りで、この多様性とは何でしょうか。それは、一つの真理とその正当な解釈をめぐって否定的に生み出された諸々の道徳的遠近法がもつ単なる複数性とはけっして相容れず、またこの複数性をそのまま存在論化したまさに「存在の多義性」に抵抗するものなのです（例えば、神を頂点とした存在者の位階序列を思い起こしていただきたい。そこでは、完全に存在するのは神だけであって、それ以外の存在者は、程度の差こそあれ、不完全に存在するものと理解されます。ここでは、「神は存在する」と「人間は存在する」あるいは「ネズミは存在する」と言われる場合の「存在する」は、一義的ではなく、多義的に了解されているわけです。これが「存在の多義性」という考え方です）。

というのも、道徳的遠近法においては、存在は、優越性の価値概念を必ずともなって、それゆえ「多義的に」語られ、また存在する諸々の存在者の間の差異は、必ず「否定的に」しか認識されません。道徳的遠近法が生み出した存在論、それが「存在の多義性」なのです。

さて、それだけでなく、先のデリダの言明にもあったように、単なる多元論も批判の対象にされました。なぜなら、先に提起した解釈空間（i、m、a、v、j…）において解釈は、たしかに質的に多様ではありますが、しかし、依然として作品αに対しては、外在的な、互いに等距離にあるような力の関係しか示すことができないからです。つまり、解釈の選択の問題、諸力の間の位階序列の問題は、単なる多元論では理解することができないということです。
重要なことは、理解のアスペクトを変えて、各個の解釈それ自体が、力能の意志による一つの選択の事実であると捉えることなのです。すなわち、個々の解釈は、私たちの相互に置換可能な視点や、相互に質的に異なった視線のもとで成立するのではなく、それ自体が作品に対する固有の知覚の仕方や理解の仕方を示しているような遠近法《パースペクティヴ》でなければならないということです（こうした意味での解釈空間を、**i**、**m**、**a**、**v**、**j**…と太文字で表記することにします）。

解釈の一義性

ニーチェが認識に代わって解釈を提起するのは、このため以外にはあり得ないでしょう。遠近法主義における解釈とは、言わば、テクストに対する私たちの認識方法にはいかなる共通の目的性もないということの表現なのです。

およそ認識という言葉が意味をもつ限り、世界はたしかに認識され得るものとなる。けれども、世界は別の仕方でも解釈され得るのだ。世界は、自らの背後に一つの意味をもつのではなく、むしろ無数の意味をもつのである――〈遠近法主義〉（Perspektivismus）[60]。

解釈とは、認識対象の側の諸事象や諸実体を単に形容するような、認識主体の側の行為などではありません。解釈こそが、反対にこうした実体や主体の存在や本質を構成してしまうような存在の様態、つまり倫理の働きなのです。

解釈の真只中では、何が起きるのか。そこでは、まさに固定化した物の同一性や、私たち人間の硬直化した意識や認識が解体され溶解していくのです。つまり、認識とは、解釈が固まったものだということです。

解釈にあるのは、〈真／偽〉でも、〈善／悪〉でも、〈正当／不当〉でもなく、ただ個々の解釈の〈よいとわるい〉、〈強さと弱さ〉、〈速さと遅さ〉――これらを総称して「強度」と呼びましょう――があるだけです。個々の解釈がそれぞれに特異な遠近法をもつとすれば、遠近法主義とは、言わばこうした多様な解釈の肯定です。これを解釈の一義性と呼ぶことにしましょう。遠近法主義とは、こうした解釈の一義性を肯定しているのです（「存在の一義性」については、本書の第二章を参照のこと）。

では、この場合の一義性とは何でしょうか。それは、個々の解釈は相互に異なっているが、しかしそれらの間にけっして優劣関係はないということを意味する言葉です。この限りで、個々の解釈の差異が明らかになるためには、つまり個々の解釈の差異が、それらのもつ強さ、強度のもとで明らかになるためには、一義性の概念――遠近法主義――が不可欠になります。というのも、一義性は、多様なものの間の対等性の概念だからです。

そこで、ここまで述べてきた「作品」の場所に、それに代わって「物」を置いたならば、どうなるでしょうか。この強度によって区別される一つ一つの解釈、すなわち遠近法《パースペクティヴ》は、まさに〈認識－解釈〉（解釈としての認識と読む）における遠近法主義を構成することになるでしょう。要するに、あらゆる遠近法について一義性の概念を与えるのが「遠近法主義」なのです。脱構築の思想は、最初からニーチェの遠近法主義を現代において再生するという意義をもったものなのです。

解釈とはその存在がテクスト性を含むことである

さて、もし或るテクストαが一つの解釈Vによってしか、つまり真理を前提としてしか読めないならば、私たちはそもそもこの解釈Vを媒介してテクストαを単に〈見る－知る〉だけで充分だということになります。そこに〈読む－書く〉という行為は、ないのではないでしょうか。というのも、読むことは、それ以上に、潜在的にではあるが、たしかに能産的な〈書くこと《エクリチュール》〉

を前提としているからです。

つまり、書くことの結果としての読むことが、あるいは書くことを原因とした読むことが重要だということです。言い換えると、読むだけではけっしてわからないことがあり、書くことでしか理解しえない事柄があるということです。

結果としての読む行為しかないとき、つまりテクストαのテクスト性——言い換えると、諸解釈がもつ能産性——がまったく失われるとき、このテクストαは疲労したものとなるでしょう。そうなると、テクストは、同様に疲労した遠近法にしか、つまり単なる視点にしか関わらないことになります。

しかし、それにもかかわらず、すべてはテクストなのです。ニーチェが言うように、すべての事象が解釈された性質を有するならば、すべてはテクストであるということです。

それゆえ、目の前のコップも机も部屋も、すべてテクストなのです。ジャン・グラニエがその研究書のなかで的確に述べているように、ニーチェにとってのテクスト、それは「実在的〈存在〉の表明であるような相関物を構成する」ものなのです。[61]

> 解釈を導入することによって、ニーチェは〈存在〉の定義を「テクスト」として課すのである。[62]

解釈とは、あらゆる〈認識の対象〉を〈出来事のテクスト〉にする活動であると言えます。遠近法主義の問題は、すべての事物についてそのテクスト性を問うということなのではないでしょうか。こう考えると、物からそのテクスト性を奪うということの意義が理解されるでしょう。

要するに、認識（＝視点）とは、その存在がテクスト性を含まないものの表象のことです。これに反して、解釈（＝遠近法）とは、その存在がテクスト性を含むものの表現のことです。

例えば、私の目の前のコップは、先に述べた疲労したテクストαと同様、もはや実現されるべき解釈をもたない以上、テクストとしては完全に疲労しています。これに対応して、この場合の遠近法は、すべて単なる視点へと移行してしまっています。というのも、人は、そのコップをテクストとして解釈する際のコンテクスト（文脈）を日常的な道具連関（――平らなところに置かれ――液体状の何かがそのなかに注がれ――口元までその何かを運搬するもの――）というかたちでしかもちえないからです。それゆえ、コップは、読まれるべきものではなく、単に一方的に見られるものとなってしまうわけです。

これが人工物の本性なのです。つまり、こうしたテクスト性を奪われたものが、実は「人工物」と呼ばれるものなのです。人工物とは、こうしたテクスト性を奪われた限りで、人間にとっての有用性を表わす道具連関のうちに幽閉された事物のことです。

解釈とは事物の震動（＝テクスト性）の実現である

このように考えると、例えば、現代芸術の或る種の運動が、日常性のなかの、道具化した既製品や騒音にむしろ「自然」としてのテクスト性を回復しようとする肯定的な試みであることがわかるでしょう。

芸術のような積極性はもちませんが、つまり否定的にではありますが、欠如が媒介となって、こうした解釈あるいは遠近法《パースペクティヴ》が日常のなかで不意に現われることもあります。

例えば、缶ビールがそれほど一般的ではなかった頃、しばしばこんなことが起こりました。瓶ビールを飲もうとしたが、栓抜きがないという状況です。そんなとき、人はどうするでしょうか。大抵は、周囲を見回して、栓抜きの代わりになるようなものがないかと探すでしょう。

言い換えると、そのとき人は、普段は、瓶ビールの栓を開けて飲むというコンテクスト（文脈）の外にある物を、このコンテクストの内に延長可能かどうかとまさに解釈し始めているわけです。これと同時に、物の側では別のことが生じています。つまり、周辺のすべての物がその遠近法に即してざわめきはじめるわけです。

こうして、例えば、机の角は、いつものコンテクストとは別のコンテクスト（〈瓶ビール－栓抜き〉のコンテクスト）まで延長されて、そのテクスト性――解釈の産出――を若干でも回復することになるでしょう。

ただし、これは、既存のコンテクストとそのなかでの欠如（この場合は、栓抜きがないこと）を前提とする限りで、あくまでも消極的な仕方での回復であることに注意してください。言い換えれば、すでによく知っている事物にも、つまりよく見慣れた再認の対象でしかない日常のなかの事物にも、既存のコンテクストを前提としつつも、僅かながらでも解釈されるべき存在となる瞬間があるということです。すなわち、それは、まさに〈生成の今〉なのではないでしょうか。

一つだけ注意して頂きたいのは、このことは、けっしてテクストの可能性を回復するという意味ではまったくありません。ここで私が言う「テクスト性」とは、テクストがもっている可能性のことではなく、むしろテクストの必然性のことだからです。

遠近法主義における倫理作用Ψ《プサイ》

すべてはテクスト上の存在であり、すべてはその解釈（＝生成）である。テクストのうちで生成は、その存在を刻印されるのである。言い換えると、存在のうちにテクストが内在するのではなく、存在と生成がテクストという内在性のうちにあるということです。

生成に存在の性格を刻印すること――これが最高の力能の意志である。(63)


遠近法は、生ける認識の生成であり、それ自体が肯定を意味しています。そして、この生成に存在の性質を刻印するのが、遠近法主義なのです。この限りで、遠近法主義とは、すべての〈生成－肯定〉を肯定すること、つまり〈肯定の肯定〉のことです。

この存在の性質とは何のことでしょう。これこそが、既に述べた存在の一義性という性質を意味しているのです。つまり、遠近法主義とは、あらゆる遠近法に解釈の一義性という存在の性質を刻印する働きをもつわけです。

私は、この働きをあえて〈倫理作用Ψ《プサイ》〉と呼ぶことにします（このプサイは、「精神」という意味をもつギリシア語の psychē（プシュケー）の頭文字からとりました）。

生きることとは、絶えざる生成です。身体はそれを知っています。しかし、精神がそれにブレーキを掛けたりします。そうではなく、こうした生成（＝肯定）に肯定を与える作用、それがこの〈倫理作用Ψ《プサイ》〉なのです。

遠近法主義とは、言わば個人が個人化するための倫理作用です。言い換えると、遠近法主義における遠近法には、その限りで個人化のなかで明らかになる〈よい／わるい〉を内在的な規準とした遠近法しかないと言えるでしょう。それは、個別性と特異性を区別し秩序づける、精神のうちに見出される隠された働きなのです。

作品の能産性

さて、ここまで述べてきたような、解釈や遠近法を通した作品あるいは物へのアプローチを〈i、a、j、v、m…→α〉というように、矢印をいれて書き表わすことができます。

ところで、私たちの解釈は必ず或る特定の作品に対してなされるものです。したがって、つまらない作品もそこにはあるかもしれません。しかし、脱構築あるいは遠近法主義から言えば、つまらない作品はけっして解釈されないと言えるのです。

「これはつまらない作品だ」「これは駄作だ」「これは力のない作品だ」と一般的に言われるようなもの、それらは、端的に言うと、パースペクティヴも、選択された解釈も生み出さないような作品だということです。駄作だから、遠近法あるいは解釈を生み出さないのではなく、まさにその反対です。何の興味深い解釈も、何の新たな遠近法も生み出さないがゆえに、まさにその作品は駄作だと言うべきでしょう。

たとえ或る作品がわずかな解釈を生み出すとしても、あるいは解釈しようとする気を人々に起こさせるとしても、そこに新たな考え方、感じ方、知覚の仕方が少しでもなければ、その作品はすぐに消滅していくことでしょう。具体的に言うと、その作品は、私たち人間の「飽きる」という受動感情によって簡単に排除されてしまうということです。

これに対して、「これは面白い作品だ」「これは傑作だ」「これはよい作品だ」と言われる作品の場合はどうなるでしょうか。おそらくその作品は、けっして尽きることのない多様な解釈を、そして固有のパースペクティヴをもった選択された解釈を生み続けることでしょう。

そう考えるならば、先ほどの〈i、a、j、v、m…↓α〉は、今度は〈α↓j、m、i、v、a…〉というように、矢印を逆にして表記した方がよいのかもしれません。

こうした作品αは、単に解釈されるだけのものではなく、その本質として多様な解釈を生み出す力をもったものであり、またその意味で、解釈は、その作品それ自体の表現になっているわけです。言い換えると、解釈は、作品の本性を構成する属性に等しいということです。この意味においてよい作品とは、デリダの発言のなかにあったように、まさに自らの「差異化の原理」を備えているということです。

大自然の能産性

言い換えれば、作品αは、それだけでその存在が自己完結しているわけではなく、自らが生み出す諸解釈を含めて作品αの存在だということです。作品αの作品としての存在を示すような境界線はむしろ諸解釈のところにあると言うべきであり、このことは、作品αが自らのうちに諸解釈を産出するということを意味しています。

したがって、ここで重要な結論を得ることができます。すなわち、作品の存在は、諸解釈の存在と別のものではないということです。私たちは、その常識に反して、作品の存在を、それらの解釈を含めたところにまで移動させて理解しなければなりません。なぜなら、この場合の作品αは、まさに能産的だからです。能産性とはこうした意味をもっています。

作品αの本性は、解釈が接近すべき言わば「目的原因」(causa finalis) などではありません。そうではなく、作品の本性は、解釈を産出するという「作用原因」(causa efficiens) として理解される必要があります (道徳的思考は、つねにこれらの原因を取り違えるのです。そして、この本性を真理と取り違えるのです)。

では、多様な諸解釈を自らのものとして産出する作品、つまり能産性をもったこうした作品を、能産的自然に、つまり「神」に置き換えることができます。つまり、アナロジーを用いて言えば、スピノザの「神」とは、ここで述べた作品αのような、能産性をもった大自然だということです。

そして、この大自然から産出されたすべての個体は、作品αの表現的な諸解釈のような、所産的な自然なのです。すべての個体は、そこには各個の人間もすべて含まれますが、精神と身体の二つの仕方でこうした大自然を表現する解釈的な様態だということです。

実際には大自然の能産性のなかで作品は解釈を、物はパースペクティヴを生み出すのであり、それらはすべて精神と身体からなる様態、すなわち個物なのです。

さて、ここで言う大自然とは、すでに述べたような、能産的自然——スピノザにおける神——のことです。能産的自然は、単に複数の「個別的なもの」(res particularis) を一般的に産出するのではなく、むしろ「特異なもの」(res singularis) を多数多様に産出するものです(ただし、「個別的なもの」も「特異なもの」も、通常はどちらも「個物」と訳され、スピノザ自身は両方の言葉を用いています)。

この点を改めて「作品」と「解釈」という言葉を用いて言い換えると、よい作品を定義することができます。つまり、よい作品とは、特異なもの——このもの——としての解釈を多様に生み出す作品のことであり、つまらない作品とは、個別的なものの一般性しか解釈の要因に与えないような作品のことだ、ということになるでしょう。

しかし、こうした二つの領域は自明なものでも、実際に現実的に区別されるものでもありません。私たちの生は、この両者の混合した位相のなかで成立していると言ってよいでしょう。しかし、現に区別は存在し、〈よい／わるい〉という選択の力も発揮されています。

批判的で創造的な並行論の最大の課題は、個別的なものとしての精神と身体をいかにして特異なものとしての精神と身体に移行させるかということではなく、つまり個別性と特異性の差異が問題なのではなく、むしろそれらを区別し選択する力そのものを変えるということです。

遠近法主義は、まさにその力を視点から視線へ、そしてそこから遠近法へと変化させる倫理作用Ψ《プサイ》なのです。このように先の倫理作用Σ《シグマ》は、この倫理作用Ψ《プサイ》と必然的に関わっています。

第四章

超人の原理

意志のもとでは何事も決定されず、意志ほど愚鈍な（判断力のない）ものはないということ（＝倫理作用Π《パイ》）

精神のなかには、意志したり意志しなかったりする絶対的能力がなく、単に個々の意志作用、すなわちこのあるいはかの肯定が、ないしこのあるいはかの否定があるのみである[64]。

超人とは感性の問題である

知性についてよりも感性についての問題を提起すること。というのも、超人とは、知性についてよりも、むしろ人間の感性を乗り超えた「相対的に超人間的な類型」だからです。ドゥルーズは、超人を「別の感性」を有する類型として定義しようとします。

批判の目標。人間や理性の目的ではなく、要するに、超人、乗り超えられ、克服された人間。批判における問題は、正当化することではなく、別の仕方で感じること、つまり別の感性である。[65]

超人の原理は、別の感性であり、パトスなのです。言い換えると、超人の原理は、知覚であり、情動だということです。

しかし、それは、そのうえに自律した能力としての意志を必要としない感性であり、パトスのことです。言い換えると、感性あるいは知覚それ自体が肯定・否定の能力を備えているということです。ニーチェが、力能の意志とパトスを同じものと考えていたことを思い起こしてください。すなわち、感性＝意志なのです。

こうした感性は、それが〈よい／わるい〉の遠近法のもとでの知覚である以上、すでに自由意志なしに事柄を決定しうる能力だということです。

超人の感性とは、非意志主義の原理をもった力能だということです。一言で言うと、別の感性とは、非意志主義の原理である倫理作用Π《パイ》を含んだ感性のことです（このパイは、「実践」という意味をもつギリシア語のpraxis（プラクシス）の頭文字からとりました）。それは、感性的知覚の能力ですが、それ自身において肯定・否定の作用を含んだ感性のことです。

言い換えると、こうした感性や知覚が意味しているのは、自らのうちに総合の原理を有しているということです。

自由意志と非意志主義

人間は、一般的には自由意志によってより善く定義されると言えます。ところが、人間は、実は「自由意志」（free will）といった能力をもっているわけではありません。自由意志は、人間を他のすべての動物からもっとも善く区別するために、捏造されて用いられてきただけの言葉上のものなのです。一般的に言えば、人間以外の動物は、本能を有してはいるが、しかし、自由に活動するための能力としての意志を、つまり自由意志をもっていない、と人々は考えているのではないでしょうか。

しかしながら、それは、ニーチェが言うように誤謬なのです。人間は、自由意志などもってはいません。もっと正確に言いましょう。認識や知覚から自律した意志作用などけっして存在しないということです。

ところが、自由意志の存在こそが、人間が人間であることの理由として用いられてきました。それゆえ、まさに道徳に関わる多くの問題が、すべてこの奇妙な一般者たる「意志」のもとで、またこうした「意志」に関して必然的に立てられてきたわけです。

私たちは通常、意志と知性とは異なる能力であると思っています。もちろん、ほとんどの人は、日常的には、この二つの能力をとくに対象化して考えたり、改めて両者を区別したり、あるいは同一化したりすることはないでしょう。
しかし、少し考えれば、知性と意志が、あるいは知覚と意志が、あるいは認識する能力と意志する能力がまったく異なる能力であることがただちにわかります。
スピノザは、その画期的な思考を展開するなかで、これらの問題に触れています。

精神のなかには絶対的意志、すなわち自由意志は存しない。むしろ精神は、このことまたかのことを意志するように原因によって決定され、この原因も同様に他の原因によって決定され、さらにこの後者もまた他の原因によって決定され、このように無限に進む[66]。

「絶対的意志」とは、知性や知覚や感性から自律した精神の能力としての意志のことです。それが、人間の「自由意志」と称されている能力なのです。言い換えると、絶対的意志である自由意志とは、自然の世界における原因・結果の系列に対して、その外側から介入して新たな別の系列を開始する原因となるようなもののことです。人は、いつもそのような力が人間の自由意志にはあると考えているのです。

心や精神のうちに、自分の身体を動かし支配するものとしての意志を認め、また知性や認識とはまったく別の、それらから自律した能力としての自由意志を認めることに、人々はそう苦労はしませんでした。

未来を開く系譜学

自由意志をめぐる具体的な諸問題に入る前に、系譜学の思想的特徴について簡単に触れたいと思います。

出来事や事象を過去性から理解するには、歴史と系譜という二つの側面をまず考えることができるでしょう。歴史学が或る意味で過去を閉じようとする学問であるとするなら、系譜学は、反対に未来を開こうとする思想、未来を生成変化で充たそうとする思想だと言えます。

三・一一の大震災を事例として取り上げてみましょう。

その歴史的側面については、東北地方の過去における地震や津波の調査・報告がおこなわれ、また原発については多くの人がその歴史的経緯を改めて詳細に検証し吟味しています。

では、これに対して系譜とは何でしょうか。端的に言うと、系譜とは、諸価値の価値、諸価値の起源であり、また起源における差異的要素そのもののことです。さらに系譜は、諸価値の価値における批判的側面と創造的側面に関わっています。

つまり、系譜学とは、結果としての現象や事象から出発して、単に原理や原因を見出すといった遡り方ではなく、価値転換的な遡及の仕方をするということです。

つまり、系譜学とは、第一に諸価値の価値を、現行の諸価値の源泉として、あるいは諸価値の最近原因として見出そうとすることであり、第二にそれ以上に、その価値の源泉を、諸価値の価値転換の原理として探究することなのです。

ニーチェは、系譜における「諸価値の価値」について次のように述べています。


われわれはこれを、この新しい要求をこう表現しよう。——われわれは道徳的諸価値の批判を必要とする、これら諸価値の価値そのものがまずもって問われなければならない、——そのためには、これら諸価値を生ぜしめ、発展させ、推移させてきた諸々の条件と事情についての知識が必要である（結果としての、徴候としての、仮面としての、偽善としての、病気としての、誤解としての道徳。それからさらには、原因としての、薬剤としての、興奮剤としての、抑制剤としての、毒物としての道徳など）[67]。

別の仕方で言い換えると、系譜学は、第一に歴史的な諸条件を批判的に考察しつつ諸価値の起源へと遡行する側面と、第二にあらゆる価値が生じてくるような価値の差異的要素からの知覚や認識に関する価値転換的な側面とを有しているということです。

こうした意味において系譜学は、まさに一つの批判哲学であり、またそれ以上に実は価値転換に向けた未来を生成へと開く実践哲学なのです。

自由意志の誤謬

では、系譜学をいったいどのような営みとして考えたらよいのでしょうか。

この問題に応えるためにも、ここでは、とりわけ三・一一の人災面（＝原発事故）の原因が人間の「意志」にあるということをその系譜的側面からの考察として提起しつつ、意志について本質的な問題を考えたいと思っています。

結論を先に述べておきます。この場合の系譜における批判的な側面は、まさに意志の存在の否定であり、またその価値転換的な側面は、認識の様式の移行――非十全な認識から十全な認識への移行――に、あるいは別の感性への移行に関わっているということです。

ただし、ここで批判されるべき意志とは、例えば、ニーチェの力能の意志という場合の意志ではなく、そのもっとも低次の使用である超越的使用における意志、つまり〈自由意志〉や

〈意志一般〉と呼ばれるもの、要するに私たちが日常的に理解しているような意志のことです。

私たちが普段から理解している意志とは、次のようなものです。目の前の或る物は、だれにでも必然的に知覚され認識されるが、その物を肯定するか（＝意欲するか）、否定するか（＝意欲しないか）は、その物の認識や知覚の後で、それらとは別の能力である意志によって為されるのだ、と。

これに対して、ニーチェが提起する力能の意志は、自由意志や意志一般とは直接には何の関係もありません。力能の意志は、むしろ認識と意志との、あるいは知性と意志との、あるいは感性と意志との同一性を表わしていると言ってもよいでしょう。そして、この同一性が、遠近法主義における解釈と言われているものなのです。

> 自由意志の誤謬。——われわれは、今日ではもはや「自由意志」という概念にはいかなる同情ももたない。（……）それは、あらゆるうちでもっともいかがわしい神学者どもの曲芸であり、人類を彼らの意味で「責任あるもの」にさせるための、言い換えれば、人類を彼らに依存させるためのものである。（……）かくかくであるという何らかの現状が、意志へと、意図へと、責任性の所業へと還元されるなら、生成の無垢が剝ぎとられてしまったことになる。（……）人間は、裁かれ罰せられうるために——責めあるものとなりうる

ために、「自由」であると考えられた。したがって、あらゆる行為は意欲されたものと、あらゆる行為の起源は意識のうちにあると考えられざるをえなかったのである[68]。

自由意志とは、神学者たちによって捏造されたものであり、もっと一般的に言えば、人間の道徳が作り出した単なる思考の様態にすぎません。何らかの事柄が人間の意志へと還元される度に、「生成の無垢」は、言い換えると、個人が個人化するというあの倫理作用はすべて剥ぎとられてしまうのです。
重要な見解がここから得られます。すなわち、現代においても意志や自由意志によってさまざまな問題の解決や事柄の転回を求めることは、実際には神学者の言い分と同類だということです。意志決定の重要性を積極的に語ることは、自らの外部にある権力を意欲することと大差ないのです。

哲学の力能とそれ以外の諸権力とを混同するなかれ

哲学の思考は、実際には諸権力のふりをした意見《オピニオン》などとは何の関係もありません。だからと言って、哲学は、現実に対して無差異な一般性の夢を語るものでもないはずです。哲学は、そうした意志を否定して、むしろ悪夢を語るべきなのかもしれません。

意志の存在そのものの否定は、しかしながらきわめて創造的な行為であり、別の仕方で思考することを促す問題の一つです。哲学に現実的な力をもたせようとしたり、その力に期待したりする場合（つまり、資本主義、社会、国家、マスコミ、科学、等々の現実的な諸力に対して、哲学は同様の力を発揮できると考えるとき）、人は、哲学や思想の名のもとでさまざまな意志や意志決定の重要性を語ることになります。

つまり、これが一つの道徳的行為であり、反対にその愚鈍さを、つまり判断力の欠如を自ら示していることになるのです。

しかし、哲学（あるいはその倫理作用）には、まさに自由意志や意志一般を否定して、観念から構成される精神を、あるいは認識の諸様式を先導するという使命があります。この点への理解を根本的に欠く限り、哲学的思考に固有の〈力能〉は、つねに安易に諸学がもつ〈力〉と混同され続け、過小評価されることになるでしょう。

ところが、こうした混同を積極的に利用して、その力をアピールするような場合には、それは何よりも〈意志〉の強調として現われるのが常です。こうした混同は、認識や知性や知覚から意志を自律した能力として区別しようとする考えに支えられています。

すぐ後で詳しく論じますが、意志は実は発生したものであり、その系譜は完全に「認識の欠如」にあるのです。つまり、自律した能力としての意志とは、実は恐るべきことに、いかなる積極的なものも含んでいないような欠如態だということです。したがって、意志決定とは、つねに虚偽の観念のなかでの意識にほかならないのです。

人間が意志決定を重視するのは、虚偽の観念にはいかなる積極的な形相も考えられない以上、そうした観念に形相の与えるという〈仮象‐意識〉が逆に或る積極性をともなって、その人間に実感され感覚されているからなのです。

〈一般意志〉批判

ところで、新種のこうした神学的思考――情報神学とでも呼ぶべきもの――が古い調性音楽を奏でているように思われます。そうした思考は何を提起するのか。それは、改めて〈意志〉というものを、すなわち「意志一般」を、そしてこれを潜在的に構造論化したジャン・ジャック・ルソー（一七一二‐一七七八）の「一般意志」を、あるいはその前提となる「自由意志」を改めて提起することになるでしょう。

そして、現実の社会状況全般を鑑みて、いかに意志決定が大切であるかを改めて強調することになります。これらは、従来の人間の主観性の再生産以上の意味をまったくもちません。

ニーチェは、次のように述べています。

責任が追及された至るところ、それを追及していたものは復讐の本能であった。この復讐の本能は、幾千年のうちに、一切の形而上学、心理学、歴史観、何よりもまず道徳が、この本能によって特徴づけられる程度にまで、人類を支配してしまった。人間の思考が及ぶ限り、人間は復讐という病菌を事物のなかに引き入れた。人間は神そのものをも、こうした病気にかからせた。現存在一般からその無垢を失わせてしまった。つまり、それは、人間があらゆるただかくかくの如くあるだけの現実を、意志に、意図に、責任性の作用へと還元したことによるのである。意志に関する一切の教説、これまでの心理学におけるもっとも呪うべき贋造は、本質的には復讐を目的として案出されたものである。[69]

人間の道徳は復讐の精神を条件とするだけでなく、意志が生み出されたのは実は復讐を目的とするためです。一般意志とは、復讐の本能を潜在的に構造論化して、個人の意志（「特殊意志」）からも、意志一般（「全体意志」）からも独立自存させた超越論的領域のことなのです。
しかしながら、一般意志はけっして存在しないと言えます。というのも、意志一般も自由意志も、人間の自律した独自の能力としてはけっして存在しないからです。物体が物体にしか関わらず、力が力にしか関わらないように、一般意志は、意志にしか関わりません。ところが、人間は、この一般意志が関わるべき、自律した能力としての意志を有していないからです。物事を決定するのは、一般意志でも意志一般でも自由意志でもなく、むしろ認識の欠如や知覚の不備によってです。

人間が、原発のような、自分たちに制御不可能なものを推進し作り上げたのは、まさに認識の欠如や非十全な知覚によって、あるいはこれらの能力の状態に対応した限りでの意志決定、すなわち、そうした欠如を埋めようとする意欲による以外にはありえません。

それゆえ、原発は愚鈍な（判断力を欠いた）施設なのです。つまり、原発は、人間が知覚も認識もしていないものについても同じように同意することのできる能力、つまり自由意志をもつことによって推進されたわけです。

一般意志は、こうした共同主観性あるいは社会構造体が共通に有している認識の欠如に対応した意志概念だと言えます。あるいはこうした欠如に対応して捏造された規範的意志という理念なのです。

では、これに対して脱‐原発という思想においては、したがってこうした認識の欠如を自ら対象化して、その自由意志を排除できるような観念が形成される必要があります。

フェリックス・ガタリ（一九三〇‐一九九二）ならば、次のように言うでしょう。こうした観念からなる精神は、原因の認識や価値転換が可能となる「非物体的領界（U）」に関係づけられうるような主観性のことであり、新たなエロコジーはまさにこうした事柄を課題としなければならない、と。(70)

意志とは何か

さて、改めて問いましょう。意志とは何でしょうか。それは、何よりも〈肯定する能力〉あるいは〈否定する能力〉のことです。

しかしながら、常識に反して、あるいは日常の価値感情に反して、次のように言う必要があるでしょう。意志は、認識能力と別の能力ではありません。言い換えると、物の観念そのものが、つまり或る対象の観念それ自体が、肯定・否定の意志的な作用をもつということです。

スピノザは、これについて次のように表現しています。

精神のなかには観念が観念である限りにおいて含む以外のいかなる意志作用も、すなわちいかなる肯定ないし否定も存しない。(71)

意志を知性とは別の能力と考えることは、まさに人間の「夢」にすぎないのです。それは、意志が認識や知覚よりも上位の自律的能力であるという〈意識－仮象〉に支えられた夢です。「意志」という言葉を用いて何事かを積極的に語るような言説は、まさに「目を開けながら見ている夢」の続き以外の何ものでもないでしょう。

精神のこうした決意は、現実に存在する諸々の事物の観念が生じるのと同一の必然性をもって精神のなかに生じる。だから、精神の自由な決意で話をしたり、黙っていたり、その他いろいろなことを為すと信じる者は、目を開けながら夢を見ているのである。(72)

「現実に存在する諸々の事物の観念が生じる」というのは、現実に存在する諸々の事物の認識が成立するということです。つまり、精神の決意、意志決定は、こうした認識と同一の必然性のもとで成立するのであって、自由意志によってではないということです。端的に言うと、観念の生起、知性における認識は、それ自体が肯定・否定の意志作用を含んでいるのです。

したがって、私たちは次の点を明確に理解する必要があります。

すべての意志作用は観念そのものにほかならない。

観念の背後にも、観念の上位にも、自由意志といった主観性の別の作用など存在しないということです。

すなわち、

意志と知性とは同一である。[73]

スピノザは、意志についてこのような根本的な理解をもっています。スピノザは、意志が知性（認識）や感性（知覚）からつねに区別されて捉えられていることを批判するだけでなく、それと同時に自由と意志との一般的な結びつきをも切断したのです。

ドゥルーズは、次のように『エチカ』全体の意義を述べています。


〔スピノザの〕『エチカ』の全努力は、自由と意志との伝統的な結びつきを断ち切ることにあった。意志のままに選択や創造さえなしうる能力と捉えられるにせよ（無差別的自由）、規範に従っておのれを律し、みずからそれを体現しうる能力として捉えられるにせよ（啓蒙的自由）、自由といえば意志と結びつけて解されてきたのである[74]〔強調、引用者〕。

意志と結びつけて自由を考えることは、道徳的思考のもっとも典型的な表象だと言えます。逆に言うと、道徳的思考や感情は、自由を意志と関係づけることでしか考えられないのだとも言えるでしょう。端的に言うと、道徳とは、知性や感性から意志を区別することそのもののうちにあるとも言えます。

これに対して、これまで述べてきたような倫理作用の発揮にこそ自由があると考えること、これは、それ自体がまさに非人間的な様態の産出であり、超人の感性の産出につながっているのです。それが超人の倫理です。自由とは、個人が、たとえ人間の道徳のうちにあっても、部分的に個人化して超人の倫理へと移行することなのです。

意志と知性が異なった能力であることの理由

人々が一般的に意志と知性とを区別しようとする理由は、何とか愚鈍（＝判断力の欠如）に陥らないようにと努力し続ける道徳的な〈人間－動物〉の産出のためだったわけです。

さて、それではもう少し詳しく意志の問題を考えてみましょう。スピノザは、およそ以下の四つの観点から、人々が知性と意志とを区別したがる理由を挙げています。

(1)意志は知性よりもその及ぶ範囲が広いということ。
というのも、知覚していない事物について同意しようとするとき、現に有している同意能力（意志）より大きな同意能力を改めて必要とはしないが、そうした事物を知覚しようとすれば、現に有している認識能力より大きな認識能力を必要とするからです。
(2)人間は実際に知覚している事物について判断を控えることができるということ。
というのも、人は、或る事物を知覚しただけでは誤っているとは言われず、ただその者がそれに同意（肯定）したり、あるいは反対（否定）したりする限りで誤ると言われるからです。
(3)個々の観念は相互に異なった実在性あるいは完全性を含んでいるが、これに対して意志の肯定はあらゆる観念に対してつねに同一であるということ。
というのも、観念は必ず何かについての観念である以上、個々の観念はその対象が異なっているだけ異なった実在性を含んでいるが、意志の場合には一方の肯定が他方の肯定よりもより多くの実在性を含むとは考えられないからです。
(4)どれほど決定不可能な状態（どちらか一方を選択できないような状況）を知覚したとしても、人間はその状況のなかで宙吊りにされることなく、自らがもつ意志の力によって自由に決断することができるということ。

というのも、人間は、驢馬のような自由意志のない動物ではない以上、知覚や認識を超えた内発的な意欲という能力を有しているからです。(75)

この(1)と(2)の理由から、人間は、知性や感性、あるいは知覚や認識の領域を超えて、自らが自由に判断したり意志決定したりしていると考えるようになるのです。

また、(3)の理由とともに人間は、精神の本質がすべての精神に共通のものとしての意志、あるいは一般的なものとしての意志であると思い込むようになるのです。

そして、(4)のような状況のなかで人間は、自分たちが愚鈍(=判断力の欠如)に陥らないためめに、すなわち意志のない動物にならないために、まさに自由意志があるということを実感するようになるのです。

超人の知覚に向けて

このようにして、意志を知性から区別するということは、人間を道徳的動物として絶えず再生産するのに最大限に役立つ考え方であるということがわかるでしょう。

では次に、これに対するスピノザの考え方を追うことにしましょう。スピノザの論点は、おおよそ次のようにまとめることができるでしょう（以下に挙げる対論は、意志と知性を区別する四つの理由のそれぞれに対応して提起されたものです）。
(a)意志は知性と同一である以上、意志作用は観念それ自体がもつ作用であり、したがって個々の観念しかないのと同様に、個々の意志作用しか認めることができないということ。というのも、認識能力も同意能力も、物を知覚し肯定する場合は、つねに一つずつ順次に認識し肯定する以外の仕方はないからです。
(b)判断をおこなうのは、意志ではなく、知覚や認識それ自体であるということ。したがって、人間に判断を控える自由な力があると考えることは否定されます。というのも、判断を留保する場合に、それは、自由意志によってではなく、その物事を十分に認識していないことによって判断が差し控えられているからです。
(c)肯定・否定の意志作用は相互に差異を有しており、それは、知覚や観念相互の差異とまったく同じであるということ。というのも、事物aの観念の肯定と事物bの観念の肯定との間には、事物aの観念と事物bの観念との間の差異と同様の差異があるからです。

(d)もし動物に意志がないのであれば、人間にも意志がなく、したがって知性と意志が同じであると考える立場――第二章で述べた心身の並行論――から言うと、人間は知性ももたないということになります。
というのも、身体があれば、そこには精神が必ず並行論的に存在するからです。[76]

要するに、個々の観念それ自体のうちに肯定・否定の働きが含まれているのです。意志は、個々の知性や心に共通の精神の本質などではけっしてないということです。意志は、一つの欠如態として発生したものであって、知性や感性から自律した上位の能力などではありません。
こうしたことから、自由意志について明確な結論を得ることができるでしょう。自由意志は、どこから発生したのでしょうか。実は〈認識の欠如〉あるいは〈知覚の非十全性〉が意志を生み出したのです。

虚偽とは、非妥当な、あるいは毀損し混乱した観念が含む認識の欠如である。[77]

意志が認識の欠如や知覚の非十全性から発生したとすれば、意志はまさに虚偽の観念の一つになります。あるいは、知性と意志を区別するのは、虚偽の観念において成立する思想だということです。虚偽の観念は、認識の欠如によって成立する観念であり、それゆえいかなる積極的な形相も含んではいません。欠如や否定は、実在性を何も含んでいないからです。

したがって、欺瞞の連鎖を生み出すのは、多くの場合こうした自由意志による決定であるということがわかるでしょう。

欺瞞の連鎖の事実に関する歴史的側面ではなく、まさにその系譜を問うならば、見えてくるのは、個々の認識の欠如や知覚の非十全性こそが、そもそも意志決定の重要性の感覚を私たちに実際に与えていた当のものだということです。

知覚や表象とは別に、あるいは知性や観念とは別に、積極的な能力としての意志があるわけではありません。それらから離れて、肯定や否定の能力である意志が独立自存することなどありません。意志一般あるいは一般意志は、個々の観念のうちにある個々の意志作用の抽象化あるいは一般化であり、そのように考えることは、最初から虚偽の観念のなかで展開された考え方なのです。

近世以降の主体性の形而上学——人間の主観性、主体性を中心とした哲学説——の追求は、すべて観念の背後にあるいは上位に、意志に限らず主体性の作用を別立てで認めていました（コギト、統覚、志向性、等々）。これらについて、実はこれまで述べてきたことが妥当するのです。

虚偽の観念には積極的な形相が含まれていません。ここで意志が何であるかが明確に理解されることになります。すなわち、そうした虚偽の観念に対して積極的に形相を与えるような活動として意識されるのがまさに〈意志〉と称されるものなのです。

改めて、自由意志とは何かと問いましょう。それは、認識や知覚が非十全であればあるほど、つまりそれらが虚偽の観念から成立していればいるほど、そうした認識や知覚に対して或る決定の形相を与えていると強く実感すること以外の何ものでもありません。すなわち、意志とは自らの出自である欠如性を埋めようとする意識なのです。

〈原発－意志〉は消滅するか

ところで、原発事故の問題がわれわれに理解させることは、その問題が人間の意志に、つまり私たちの認識の欠如という虚偽の観念の記号的な側面にあるだけでなく、まさにその倫理的で存在論的な側面にもあるということです。

ここでは、原発を意欲すること、つまり原発への意志を〈原発－意志〉と記すことにしましょう。さて、人間におけるこの〈原発－意志〉は、他の意志とともに消滅するでしょうか。

人間は、自然現象の背後にはその本質としての自然法則があると考えてきました。そして、人間は、それを理解することこそが、自然そのものを、つまり自然（＝神）の意志の表出を理解することであり、また自分たち自身が自然を支配することにつながると考えてきました。言い換えると、この限りで意志の問題は、究極的には神の位置を人間が占有することの問題へと帰結していくのです。

しかし、これは、まさにニヒリズムの問題、とりわけ「反動的ニヒリズム」はいかにして「受動的ニヒリズム」に達するのかという問題のなかにあるのです。すなわち、それは、神の位置を占有した「人間」がいかにして死すべきかということです。

例えば、「老人問題」とは、まさに人間そのものの問題であり、人間の道徳の問題以外の何ものでもありません（これについては、「結論に代えて」を読んでください）。

人間とは何か。これほど問われた問いはないでしょう。しかし、もう一度問いましょう。人間とは何でしょうか。

私はここで次のように言いたいと思います。

――それは、超人を生み出すことなく行き続けようとする生物の総称である。

ニヒリズムの問題

さて、ドゥルーズに倣って、ニーチェのニヒリズムを三つの段階——否定的、反動的、受動的——に区別してみましょう[78]。

これらの三つの段階は、二つの移行段階として理解できます。

第一は、否定的ニヒリズムから反動的ニヒリズムへの移行、すなわち神から神の殺害者（＝反動的人間）への移行です。

第二は、こうした反動的ニヒリズムから受動的ニヒリズムへの移行、すなわち、こうした神の殺害者であり、神の位置を奪ってそこを占有する存在者となった人間から最後の人間（＝受動的消滅）への移行です。

ニヒリズムとは、まさにこうした虚無から、つまり否定性からしか物事を理解しないし行動に駆り立てられることもないような生物、つまり人間の道徳的な営為全体についての名称なのです。

そうなると、次のように言うことができます。人間の歴史のなかの一つとしてニヒリズムがあるのではなく、人間の歴史のすべてがニヒリズムに依拠した物語にあるのだ、と。

ニヒリズムとは何でしょうか。

第一にそれは、自分たちよりも高い価値——すなわち、個々の人間の生を超越した価値、例えば〈善〉あるいは〈真〉——を想定して、自分たちの現実の状態、つまり実存の価値を低く見積もるという人間に本質的な傾向性のことです。ニヒリズムとは、自分たち人間のこうした特性を歎きつつも、結局は人類の全歴史過程を作ってきた原理だと言ってよいでしょう。

第二にそれは、そうした諸価値がまやかしだと気づいて、自分たちの実存を遅ればせながら肯定しようとするが、実際にはすべては手遅れで静かに死に行くことしか残されていないことに人間が気づいていく過程でもあります。

私たちがいる地点は、実はこの第二の過程のほんの入口にあります。しかしながら、それでも重要な問題が、この地点ではじめて提起可能になります。つまり、こうした受動的消滅に対して、別の仕方での消滅を考えることができるということです。それは、まさに積極的な消滅の仕方、すなわち「能動的破壊」です。

さて、自然のうちには、それ自体で不完全なものはけっして存在しません。スピノザはそう言います。


物の完全性は、単に物の本性ならびに力能によってのみ評価されるべきであり、したがって物は人間の感覚を喜ばせ、あるいは悩ますからといって、また人間の本性に適合しあるいはそれと反発するからといって、そのゆえに完全性の度を増減しはしない。(79)

存在する限りのすべての事物のなかに、不完全なものは何も存在しません。言い換えると、不完全性、すなわち非実在性は、単に私たち人間にとってその物が有用であるか無用であるかという比較から生じたものなのです。

例えば、放射能は、他の自然物と同様、それ自体では悪（＝不完全なもの）ではありません。それが善あるいは悪になるのは、虚偽としての〈原発－意志〉に関係づけられるときです。

数十万年前に人類は、最初は落雷や山火事などで与えられるだけの火を自在に自然のうちから取り出すことができるようになりました。他方、ギリシア神話では、火は、プロメテウスがゼウスから盗んで人間に与えたものでした。

人間と自然との間に等価交換などありません。人間と自然との関係は、もっぱら盗みと贈与の関係しかないのです。ところが、人間は、原子の力を自然のうちから盗み出すことにも、神から贈与されることにも成功してはいないのです。

自由意志を排除する知覚

さて、例えば、原発を肯定するか否定するかという問題も、意志の問題ではなく、実は認識や知覚の問題なのです。

われわれは、三・一一の大震災とそれ以降に生起した事象についてさまざまな知覚をもちました。こうした知覚それ自体が判断をもつよう、その認識の十全性を問うことが重要なことです。意志が判断を下したり下さなかったりするのではありません。

つまりこういうことです。或る事柄についての意志決定の重要性を感じたならば、それは、逆にその事柄についての認識が妥当性を欠いており、その知覚が非十全であるということが本質的に含まれているということです。重要なことは、意志決定の感覚のうちに含まれた、こうした非意志主義のメッセージを受け取ることです。

スピノザは、次のような驚嘆すべき決定的な言明を成立させることができました。


判断の差し控えは、実は知覚であって、自由意志ではない。[80]

私たちは、或る事柄について判断を下すべきであるのに、控えていることがあります。その場合に、私たちは、意志によって判断を控えていると考えているのです。

しかし、判断を下さずに差し控えているのは、意志の力によってそうしているのではなく、単にその認識や知覚が非十全であるからです。もしこの状態のまま意志によって判断を下すなら、それは認識や知覚を欠いた状態での判断だということになるでしょう。

私たちは、改めてこの大震災に関して何を知覚したのか。知覚の後に、あるいは知覚の上位にそれについての判断があるのではありません。知覚それ自体が何かを肯定し、またその肯定の観念が自らを排除するような別の観念を欠かないということがポイントです。

制度の可視化でもある諸々の装置の、原発事故によるあの無残な姿は、神となった人間の死の姿そのものです。反動的ニヒリズムにおける神の殺害者たちは、今度は受動的ニヒリズムのもとで自分たちの死の姿をそこに知覚することでしょう。

ヒロシマであれ無数の核実験であれ、チェルノブイリであれフクシマであれ、それらの知覚には、もはやこの世界に神など存在しないということの歎きではなく、むしろその神の位置を人間が占めているということの絶望が潜在的にともなっているのです。

そして、こうした観念を排除できるような観念は、ニーチェが言う、受動的ニヒリズムにおける「最後の人間」の死とともにあるでしょう。事態はすべて、受動的ニヒリズムへの移行を指し示しているにもかかわらず、神の位置を占有する反動的な人間は、つねに反動的ニヒリズムに固執するのです。

そんなわけですから、反動的な生を克服するような認識に一気に活気づけられるようなこと（＝能動的破壊）は、人間にとって稀なことです。それならば、せめて受動的に死ぬべきこと（＝受動的消滅）を徐々に学ぶべきであるのに[81]、それさえも未だ知ることのない人間、それこそが意志に取り憑かれた動物としての、あまりに人間的な人間の姿なのです。

意志こそ、まさに超人の原因になろうとする人間にとっては、最大の無用の長物でしょう。

スピノザに倣ってもう一度言う必要があります。知性と意志、認識と意志は同一である、と。

ツァラトゥストラの愛

意志とは、「目を開けながら見ている夢」という場合のまさにこの「目」のことです。

では、自律した能力としての意志の消滅は、どのようにして可能となるでしょうか。それは、能動的には、別の仕方で思考し知覚すること――本書で述べてきたような倫理作用――を発生的要素とすること以外にはありえないでしょう。

しかしながら、人は、知性と意志を、ニヒリズムにおける〈無への意志〉から〈意志の無〉に向けたその完成のうちでしか、つまり否定的な仕方でしか一致させることができないでしょう。ニヒリズムの諸過程を経ずして、人間が非意志主義を肯定することはまずできないでしょう。

なぜなら、最後の人間の「受動的消滅」とともに、人は、はじめてこれと「能動的破壊」との差異を愛することができるようになるからです――個々の人間のうちに生起するツァラトゥストラの愛。

知覚や認識を考えずに、意志決定を論じることと、実在的な意志作用は個々の観念のうちにしかないにもかかわらず、意志一般を肯定することとは、ともに改めて〈無への意志〉を称揚するのに等しいことです。そして、これは、意志することさえ無であると考えること、受動的に静かに死を迎えること、つまり〈無への意志〉から〈意志の無〉への移行——反動的ニヒリズムから受動的ニヒリズムへの移行——を遅らせることでもあります。それにもかかわらず、私たちは、この〈意志の無〉が帰属する人間の様態を考える必要があります。

人間は、実は「ブリダンの驢馬」と何も変わらないのです[82]。人間は、自由意志をもたず、したがって知性もない以上、何も決定できずに、受動的に死を迎えるのです。というのは、スピノザのように知性と意志とを同じものだと考えるならば、意志をもたないことは、同様に知性も知覚ももたないことだからです。


そのような平衡状態に置かれた人間（すなわち、飢えと渇き、ならびに自分から等距離にあるそうした食物と飲料の他は、何ものも知覚しない人間）が飢えと渇きのために死ぬであろうことを私はまったく容認する。もし反対者たちが、そうした人間は人間よりも驢馬と見るべきではないのかと問うなら、自ら縊死《いし》する人間をなんと見るべきか、また小児、

愚者、狂人などをなんと見るべきかを知らぬように、それを知らないと私は答える。(83)

ここには、まさにスピノザのニヒリズムがあります。

原子と火と大気と

原発問題はエネルギー問題を背後に有しており、またエネルギー問題は地球高温化を無視して考えることができません。放射能汚染は化石燃料の燃焼によるCO_2の人為的放出の問題へと、そしてそれは機械状に結合した諸気象（＝異常気象）の問題へと、さらにこれは非物体的な平面としての気候変動へと、退行的にではなく、まさに逆行的に、つまり系譜学的に問題域を移行して、そこへと送り返されていくのです。

私は、ここで「非物体的」と言います。それは、私たちが直接に物理的で物体的な作用をそれに加えることができないという意味で用いています。また、ここで言う「逆行」とは、一言で言えば、遡及することがそのまま価値転換的であり産出的であることを意味しています。こうした意味で、原子は火へと、火は大気へと逆行していくのです。

脱‐原発は、意志の問題ではなく、まさに認識の、知覚の問題なのです。今、この場で直ちに可能になることがあります。それは、自分たちの意志の状態を言わば〈無への意志〉から〈意志の無〉へと強制的に移行させることです。

〈無への意志〉と〈意志の無〉は、まさにニヒリズムが有するもっとも本質的な二つの意味なのです。もう一度、この二つの意志の相において、無の歴史やその系譜を、あるいは歴史そのものの無を考察しつつ哲学的思考が再構成されるべきでしょう。

> 〈ニヒリズム〉（nihilisme）における〈ニヒル〉（nihil）は、力能の意志の質としての否定を意味している。したがって、その第一の意味とその根本においてニヒリズムが意味しているのは、生によって捉えられた無の価値、生にこの無の価値を与える優越的諸価値という虚構、これら優越的諸価値のうちに表現される無への意志である。[84]

これがニヒリズムの第一の意味です。人間の生、人間の実存は、つねにこうした優越的諸価値によって否定され、過小評価されてしまいます。しかしながら、人間は、こうした虚構であり無の価値そのものである優越的諸価値への意志に、つまり無への意志に囚われ続けるのです。

ニヒリズムは、さらにその第二の意味を有しています。

ニヒリズムは、第二のより流布した意味をもつ。それが意味するのはもはや意志ではなく、一つの反動である。人々は超感性的世界と優越的諸価値とに対して反動的に活動し、それらの存在を否定し、それらのあらゆる妥当性を否認する。もはや優越的諸価値の名による生の価値低下ではなく、優越的諸価値そのものの価値低下。価値低下は、もはや生によって捉えられた無の価値ではなく、諸価値の無、優越的諸価値の無を意味するのである。新しい大規模な価値低下が広がっている。（……）このようにニヒリストは、神、善、そして真実さえも、つまり超感性的なもののあらゆる形態を否定するのだ。何ものも真ではなく、何ものも善ではなく、神は死んだ。意志の無は、もはや無への意志にとっての一つの徴候でさえなく、極限においては、あらゆる意志の否定、生の倦怠《タエデイウム・ヴィタエ》である。もはや人間の意志も大地の意志も存在しない(85)。

この第二の意味においては、もはや〈善／悪〉といった超越的価値そのものが価値の低下のなかにあるのです。超感性的世界や超越的価値という無の世界や価値を意欲していた精神、つまり〈無への意志〉は、ここでは意志そのものの無へと、つまり〈意志の無〉へと転換したのです。それはまた、無の価値から価値の無への転換でもあります。

ここではもはや意志は存在しません。意志そのものが無であることが露呈し始めたわけです。

問題は、既に述べたように、否定的で反動的なニヒリズムからいかにしてこうした受動的なニヒリズムへと移行するのかということです。

言い換えると、これは、否定的・反動的ニヒリズムから受動的ニヒリズムへと移動すること、そして、それを可能にするのがここで述べている倫理作用Π《パイ》なのです。というのも、それは、受動的消滅と能動的破壊との間の差異を知覚し愛することだからです。

それは、〈無への意志〉に囚われた反動的な精神をそこから解放して、少しでも意志そのものがそもそも無であると知ること、もはや意志しないことです。これがおそらく現代の人間がニヒリズムのなかでなしうる最大の一歩だと言えるでしょう。

自由意志は、こうした否定的な仕方で、つまり〈意志の無〉として消滅する道を歩むことになります。外側からの圧力なしに人間がいかなる変化もできないとしたら、つまり受動的な変様でしか自らを充たすことしかできないとしたら、人間は、ニヒリズムの完成のために、鉄と火だけでそれを達成することができず、そのために原子力を必要としたのだとさえ言えるでしょう。

しかし、能動的破壊のもとで怨恨《ルサンチマン》をもたずに自由意志の成立を排除できるような感性、こうした感性に帰属する遠近法が開くものは、何よりも超人への倫理作用Π《パイ》なのです。

結論に代えて（実験としての超人）

人生を解答的な過ごし方で充たすのではなく、問題提起的な生き方で充たすこと

> 超人は人間や自我とは本性上異なっている。超人は新たな感覚の仕方によって定義される。つまり人間とは別の主体、人間的類型とは別の類型。超人は新たな思考の仕方、神的なものとは別の述語によって定義される。というのは、神的なものは、依然として人間を保存し、また神の本質、属性としての神を保存する一つの仕方だからである。超人は新たな評価の仕方によって定義される。諸価値の変化ではなく、抽象的置換や弁証法的転倒でもなく、諸価値の価値を生み出す要素の変化と転倒、すなわち「価値転換」[86]。

秘めやかな倒錯的趣味

ここまで述べてきたように、超人の倫理は、個人よりも個人化に、個体よりも個体化に、主体よりも主体化に関わるような作用がありました。それは、言わば秘めやかな「倒錯的な趣味」であるといえるでしょう。

本書の「はじめに」で紹介したニーチェの言説を思い出してください。ニーチェは、こうした「個人化」を「もっとも個人的な手段を用いての試み」だと言っていました。この「もっとも個人的」とは、個々の人間としての「個別的」ではなく、〈このもの〉としての「特異な」を意味していることは、もうおわかりでしょう。
ドゥルーズは、ニーチェのこうした「倒錯的な趣味」について述べています。

ニーチェに他の哲学者たちと同じ扱いを受けさせるのは不可能である。……ニーチェは、君たちに一つの倒錯的な趣味をもたらしたのだ（マルクスもフロイトも、こうした趣味をけっして誰にももたらすことがなかった、それとは逆なのだ）。つまり、この趣味とは、各人が自己自身の名において単純なことを述べ、情動、強度、体験、実験によって語るということである。ところが、自己〈自身の名〉（propre nom）において或ることを述べるというのは、実に奇妙なことである。というのも、人が自らの名において語るのは、自らを一個の自我、一個の人格、一個の主体だとみなすような瞬間ではけっしてないからである。それとは逆で、この上もなく過酷な脱人称化＝脱人格化（dépersonnalisation）の修練の果てに、一個人が真の〈固有名〉（nom propre）を獲得するに至るのは、個人を突き抜ける諸々の多様性と、その個人を経巡る諸々の強度に向かって自らを開くときなのだ。(87)

一個の自我、一個の人格、一個の主体を前提とした「自己自身の名」のもとに何かを語ることが問題なのではありません。そうではなく、自身の名を固有名にするには、その個人の特異性であり、また「もっとも個人的な手段を用いての試み」によって個人化することです。

真の固有名は、個人における超人への個人化のうちにしかないということです。

それこそが、一個人が過酷な脱人称化＝脱人格化の果てに獲得できるような固有名なのです。それは、真に超人の名なのではないでしょうか。そして、超人の名とは、何よりも超人が有している動詞の名のことです。そして、それがまさにその固有名となるのです。

要するに、この場合の名とは、命名されたものでも、与えられたしるしでもなく、特異性の表現そのもののことです。

問題提起Ⅰ——目的なき生の充実は可能か

解答的な生き方とは何か。それは、与えられた目的に向かって生きていく仕方です。つまり、それは、社会や歴史の後を生きるような仕方です。与えられた目的は、必ず自分の外側に既に存在しているものがほとんどです。そして、その目的により近づこうと努力するための言葉が、道徳性という特質を生み出すわけです。

ところが、こうした目的を原因として自らの生を構成することは、虚偽の観念によって自らの生を充たすことに等しいのではないでしょうか。というのも、それは、結局は自らの生を否定や受動によって規定し、またそれだけでなく、他の多くの物を同様の仕方で規定することになるからです。

しかし、これを人間が止めることができないのは、こうして自分たちの生を規定することで充実や進歩や発展を実際に感じているからです（弁証法という考え方がその典型です）。そこでは、目的因という真理に向かって、それに少しでも近づくことが人生の真実だと考えられているわけですから。個人の生の充実度やその実感も、そうした目的（＝真理）に近いか遠いかという規準だけで、自らの手で評価し規定してしまうわけです。

否定や受動によって物を認識し評価することに長けた動物、それが人間なのです。したがって、目的因に従うことは、社会をはじめとした、あらゆる組織体を有効に機能させることになります。その構成者はみな一つの目的に向かって序列づけられるからです。たしかに私たちの生き方の多くは、こうした努力で充たされています。

しかし、明らかにこうした生は、否定性にまみれた反動的な生なのではないでしょうか。というのも、こうした人々の一致は、実は無いもののなかで一致しているにすぎないからです。

誰も到達できない目的を考えてみてください。この場合に、それぞれの人々がその目的に対して近いか遠いかのさまざまな場所に位置づけられています。すべての人々が同じように一つの目的に顔を向けています。たしかに人々の間には共通性や一致があるように思われます。

しかし、そうではありません。彼らの一致は、誰も目的に到達していないというなかでの一致にすぎないのです。つまり、それは、否定における一致にすぎないのです。


単に否定においてのみ、すなわち自らの有せざるものにおいてのみ一致する物は、実はいかなる点においても一致していないのだ。(88)


以上が、解答的な生き方の典型です。

これに対して、問題提起的な生き方とは、まさに社会や歴史に先立って生きる様式の探求です。言い換えると、それは、与えられた目的によって根本的に動かされることではなく、自らの生に内在した目標が新たな結果を生み出すような作用原因になることです。

言い換えると、与えられた目的（善なるもの）を自分の目標にするのではなく、少しでも自己の生に内在する〈よい／わるい〉に従って結果を生み出すような原因を目標とすることです。

本書で述べた倫理作用は、すべてこうした哲学の力能をもっともよく表現するものです。教育は、すべて道徳的なものです。それゆえ、教育は大事ですが、すべてではありません。倫理の働きのもとで〈このもの〉を認識することが大事なのです。

> 人間は本性上、憎しみおよび妬みに傾いていることが明らかである。さらにこの傾向を助長するものに教育がある。なぜなら、親はその子を単に名誉および妬みの拍車によって徳へと駆るのをつねとしているからである。(89)

これは、問題提起的な生の様態が追求されなくなるのとほぼ同時でしょう。というのは、教育とは、解答型人間の量産であり、目的因によってしか動けない人間を評価するシステムだからです。

ただし、私は、これを排除しろと言っているのではありません。私は、たとえわずかな部分であったとしても、その人の一つの生に内在した目標として倫理の働きがあり、それについての認識が幸福になるための不可欠な力をもつということを指摘したいだけです。

そして、これは、人間全体のなかのわずかな人たちについて言っているのではなく、一人の人間のなかの若干の超人について、個人のなかの個人化について、道徳のなかの倫理について言っているのです。

生に内在した倫理的な目標とは、倫理作用Σ《シグマ》で述べたような心身の並行論が成立する水準を変えることであり、倫理作用Ψ《プサイ》によって自己の〈よい／わるい〉に従った遠近法を知ることであり、意志よりも、感性における知覚のもとで、つまり倫理作用Π《パイ》をもった感性のもとで何事かを決定することです。

倫理学とは、目的なしに生の充実を志向する働きなのです。

問題提起Ⅱ——比較なしに実在性は認識されうるか

超人は、目的がなくても生の充実のうちにあり、また物を相互に比較しなくてもその物の実在性を認識しうる感性あるいは感性的知覚を有するもののことです。

物の実在性は、否定性によるだけではけっして認識されないでしょう。というのは、物の実在性は、その物の否定性や欠如をまったく含んでいないからです。言い換えると、物の実在性には、不完全性はけっして含まれないということです。実在性は、ただ肯定性によってのみ認識されるだけなのです。ここには目的因の場合と同じような事柄が隠されています。

きわめて日常的な事例からこの点を考えてみましょう。

例えば、AさんとBさんとCさんが三人で百メートルを走ったとします。そして、その結果は、Aさんが一一秒で、Bさんが一二秒で、Cさんが一三秒で、それぞれが走ったとしましょう。さて、Bさんに注目したなら、「Bさんは百メートルを一一秒で走れない」という認識と評価をBさんに与えることができるでしょう。

これについては、Cさんも同様です。もちろん、Aさんにも、いずれはもっと速く走った人によって同様の評価が与えられることでしょう。競争は、私たちの比較の営みの一つなのです。

さて、ここでのもっとも重要な点は、どこにあるでしょうか。それは、こうした比較による評価や認識の様式においては、必ず欠如や否定や不完全性が生じてくるということです[90]。

Bさんの走りの実在性《リアリティ》は、単に一二秒で走ったという事実のなかにしかありません。彼は、百メートルを一一秒で走れなかったのではなく、一二秒で走ったのです。この実在性が、彼を、彼の走りを構成しているものなのです。

ところが、恐ろしいことに、私たちは、「百メートルを一一秒で走れない」という非実在的な欠如や否定をBさんに帰して、これが彼の、あるいは彼の走りを構成していると考えてしまうのです。こうして、彼は、自分に帰属していないものから規定され評価されてしまうことになります。

私たちは、日々のなかで物を相互に比較することで、こうしたことを平気でしているのです。

もっと多くの事柄について、日常のなかで「〜でない」、「〜でない」、「〜でない」というかたちでの規定がBさんに与えられていたとしたらどうでしょうか。私たちは、それによってBさんをよく認識できたと思っていたらどうでしょうか。恐ろしいことではないでしょうか。目的論は、こうした比較の行為に直結しているのです。

実在性について、スピノザの見事な定義があります。


実在性と完全性とは同一のものである、と解する。(91)


完全性という言葉を現代の私たちは、あまり使わないかもしれません。もし使うとしたら、それは、不完全性という言葉との対で使うでしょう――「この作品は不完全である」、「この作品は完全（＝完璧）である」。

「不完全」であると言われるのは、何かがその物に欠如しているとみなされた場合に、そのように不完全性がその物に帰せられてしまいます。欠如とは、欠点のことであり、無能力を示しています。しかし、実在性と同じ意味で使われる完全性は、不完全性に対する対概念などではありません。そこでは、不完全性はもはや考えられず、また存在しないのですから。

もう一つだけ、日常の価値感情に反する仕方での問題を提起しましょう。

倫理においては、例えば、「老いる」ということがありません。「老い」とは、例えば、去年の今頃にできていたことが、今年はできなくなっているという場合に、とくに「老い」を感じ、「老いた」というわけです。

容易にわかるように、「老い」とは、去年の自分と今年の自分とを比較して得られ考えられた欠如についての概念です。「〜ができない」ということから自分を規定しようとする態度なわけです。しかし、今年の自分にもできていることは必ずやあるでしょう。それが、現在の自分の実在性を作っているものなのです。

「老い」が存在しないなんて、そんなことは考えられないと言われるかもしれません。しかし、存在する限り、その存在者は、実在性からしか構成されえないのは必然的なことなのです。

さて、私が本書で述べてきた三つの倫理作用が、目的なき生の充実のためにも、比較なしに実在性を知覚することのためにも、十分なものであることは明らかでしょう。

アンチ・モラリア

さて、ミシェル・フーコー（一九二六－一九八四）は、「人間とは何か」という問いが無力になる問いがあると言います。それは、本質的に問いの力を有した問題としての超人の倫理です。そのためにも、人間の有限性を、否定を媒介として理解するのではなく、こうした有限性を肯定的に理解し、また無限をも解放するような批判を考えるべきであると言っています。

ニーチェの企ては、人間についての問いかけの増殖についに終止符を打ったものとして理解しうるだろう。実際、神の死は、絶対者にとどめを刺すと同時に人間自体を殺すような、二重の殺害の身振りとともに宣言されたのではなかったか。そもそも有限性のなかにある人間は、無限の否定でもあればその前哨でもあって、まさにそれゆえに無限とは切り離すことができない。だからこそ、神の死は人間の死において完成するのだ。人間をも無限をも解放するような、有限性の批判を考えることはできないだろうか。（……）「人間とは何か」という問いが哲学の領野のなかで辿った軌跡は、その問いを退け、無力にする一つの問いにおいて完結する。すなわち、超人。(92)

「人間とは何か」、と人間は問います。しかし、人間に関するほとんどの問いには、実は問題を構成する力などまったくないということがわかるでしょう。言い換えると、問題提起は無数にありますが、それらの問題のうちで本当に問う力をもっている問題がどれだけあるのかを考えてみてください。

超人についての問いは、「人間とは何か」という問いを排除する批判的で創造的な諸問題を構成しなければならないでしょう。

人間のうちなる倫理作用は、個人が個人化し、その個体が個体化し、その主体が主体化する力を有したものです。それは、単に超人を表象することでも超人を待望することでもなく、現実に自らが超人の作用原因になることです。

ニーチェは、ツァラトゥストラに次のように言わせています。


君たちは、自分を〈超人〉の父や祖先に変形することができるだろう。これが君たちの最良の所作であらんことを！[93]

問題は、各個の人間がその特異性を見出しつつ、超人を結果として生み出すような作用原因になることなのです。そして、そうした原因の働きとなるのが、まさにここまで述べてきた倫理作用なのです。

倫理は、道徳のことではありません。だからと言って、ここで言う倫理は、不道徳を意味しているわけではありません。不道徳は、つねに道徳についての意識をもっています。というのは、不道徳は、道徳の境界線を乗り超えようとする意識に支えられた行為のことだからです。

倫理は、道徳と不道徳との間の境界線を前提とはしません。したがって、倫理は、不道徳なのではなく、反道徳なのです。倫理には、道徳の真っ只中で作用する反道徳的な力があります。ここで明らかにしたかったのは、人間においてのみ超人が可能になるということ、たとえ人間の道徳のうちにあっても、たしかに超人の倫理と呼べる働きが存在しているということです。本書の目標は、まさにこれらの働きに言葉を与え、これらについての概念を形成することでした。

いずれにせよ、個人のうちにこれらの倫理作用の三つ組がわずかでも形成されるとき、それがそのままその個人の超人の発生を示しているのです。私たちは、これら倫理作用の三つ組を超人と呼ぶことができるのです。

注

(1) フリードリッヒ・ニーチェ『ニーチェ全集 第十一巻（第Ⅰ期）遺された断想（一八八〇年初頭－八一年春）』恒川隆男訳、白水社、一九八一年、6［一五八］。
(2) ニーチェ『ツァラトゥストラ――ニーチェ全集 10』吉沢伝三郎訳、ちくま学芸文庫、一九九三年、下巻、第四部、「高等な人間について」、三、二七二頁。
(3) ニーチェ『善悪の彼岸――ニーチェ全集 11』信太正三訳、ちくま学芸文庫、一九九三年、第一章、四、二二頁。
(4) ニーチェ『ニーチェ全集 第十巻（第Ⅱ期）遺された断想（一八八七年秋－八八年三月）』清水本裕・西江秀三訳、白水社、一九八五年、9［一］。
(5) ジル・ドゥルーズ「力能の意志と永遠回帰についての諸帰結」江川隆男訳、『無人島 1953-1968』所収、河出書房新社、二〇〇三年、二六五頁。
(6) バルーフ・スピノザ『エチカ』畠中尚志訳、岩波文庫、一九七五年、第一部、定理二八・備考。「遠隔原因」（causa remota）とは、或る結果を産出するためにいくつかの媒介物を必要とするような原因のことです。これに対して「最近原因」（causa proxima）とは、あらゆる結果に対していかなる媒介もなしにそれらを産出するような原因のことです。
(7) スピノザ『エチカ』、第三部、定理三九・備考。
(8) ジル・ドゥルーズ『ニーチェと哲学』江川隆男訳、河出文庫、二〇〇八年、三三八頁。
(9)「私は三重の意味で故郷をもたなかった。オーストリアにあってはボヘミアを生まれとして、ドイツにあってはオーストリア人として、世界にあってはユダヤ人として」（グスタフ・マーラー）。ニーチェと音楽という事柄から一点だけ述べたいと思います。ロックの分野でも、実はニーチェの著作から影響を受けた本格的な作品があります。イタリアのプログレッシヴ・ロック・バンド、ムゼオ・ローゼンバッハの『ツァラトゥストラ組曲』（一九七三年）がそれです。残念ながら、この一枚の傑作アルバムをリリースしてバンドはすぐに解散してしまいましたが、本作では、約四〇分に渡って、ツァラトゥストラ、善悪の彼岸、女性、自然、永遠回帰、超人などをテーマとした壮大なイタリアン・ロックが展開されていきます。
(10) ニーチェ『悲劇の誕生――ニーチェ全集 2』

塩屋竹男訳、ちくま学芸文庫、一九九三年、第15節「理論的人間と悲劇的認識」、参照。
(11) プラトン『パイドン』松永雄二訳、岩波書店、一九七五年、60e、一六六頁。
(12) プラトン『パイドン』、61a、一六六頁。
(13) プラトン『パイドン』、61b、一六六頁。
(14) アリストテレス『詩学――アリストテレス全集 17』今道友信訳、岩波書店、一九七二年、1451a36-b7、三八―三九頁。
(15) プラトン『ソクラテスの弁明』久保勉訳、岩波文庫、一九六四年、39e、五六頁。
(16) ニーチェ『ニーチェ全集 第九巻(第Ⅱ期) 遺された断想(一八八五年秋―八七年秋)』三島憲一訳、白水社、一九八四年、7[五四]。
(17) スピノザ『エチカ』、第四部・付録、参照。
(18) ニーチェ『喜ばしき知恵』村井則夫訳、河出文庫、二〇一二年、第三書、二九〇。
(19) スピノザ『エチカ』、第三部、定理五五。ここから次の系が帰結します。「この悲しみは、人間が他人から非難されることを表象する場合にますます強められる」(スピノザ『エチカ』、第三部、定理五五、系)。
(20) スピノザは、次のように述べています。「人間は、本性上憎しみおよび妬みに傾いていることが明らかである。さらにこの傾向を助長するものに教育がある。なぜなら、親はその子を単に名誉および妬みの拍車によって徳へと駆るのをつねとするからである」(スピノザ『エチカ』、第三部、定理五五・備考)。
(21) 「ほかでもなく、言語の類縁性が存在するところ、文法の共通な哲学によって――換言すれば、同様な文法機能による無意識的な支配と指導によって――、あらかじめすでに一切が哲学的体系の同種の展開と順序をもたらすように整えられているということは、到底避けがたいところである」(ニーチェ『善悪の彼岸』、第一章、二〇)。
(22) ニーチェ『ニーチェ全集 第十巻(第Ⅱ期) 遺された断想(一八八七年秋―八八年三月)』、9[九七]。この論点については、永井均『これがニーチェだ』、講談社現代新書、一九九八年、一三一―一三五頁、も参照ください。
(23) ジャン=ポール・サルトル『実存主義とは何か』伊吹武彦訳、人文書院、一九八四年、一三頁。
(24) サルトル『実存主義とは何か』、一七頁。
(25) スピノザ『エチカ』、第一部、定理八・備考二。
(26) スピノザ『エチカ』、第三部、「感情の総括的定義」。
(27) ドゥルーズ『意味の論理学』小泉義之訳、河出文庫、二〇〇七年、上巻、一五四頁。
(28) スピノザ『エチカ』、第三部、定理二・備考。
(29) ゴットフリート・ヴィルヘルム・ライプニッツ「唯一の普遍的精神の説についての考察」、『ライプニッツ著作集(第八巻)前期哲学』所収、工作舎、一九九〇年、一二七頁。
(30) スピノザ『エチカ』、第二部、定理一三、系。
(31) スピノザ『エチカ』、第二部、定理一三・備考。
(32) スピノザ『エチカ』、第四部、序言。
(33) 「能産的自然」(=実体)と「所産的自然」(=様態)については、スピノザ『エチカ』、第一部、定理二九・備考を参照ください。ただし、スピノザによるここでのこれら二つの自然についての定義は名目的なものです。「名目的定義」と「実在的定義」については、注(47)を参照ください。
(34) スピノザ『エチカ』、第一部、定理一五。
(35) 「人間精神の形相的有《エッセ・フォルマーレ》を構成する観念は、単純ではなく、きわめて多くの観念から組織されている」(スピノザ『エチカ』、第二部、定理一五)。
(36) スピノザ『エチカ』、第二部、定理一三。
(37) スピノザ『エチカ』、第二部、定理一九・証明。
(38) スピノザ『エチカ』、第二部、定理一九。
(39) スピノザ『エチカ』、第二部、定理四〇・備考二、参照。
(40) スピノザ『エチカ』、第三部、序言。
(41) スピノザ『エチカ』、第三部、定理一五。「いつも強引に、あるいは小手先でなんとか切り抜けられると考えて、相手もかまわず、それがどんな構成関係のもとにあるかもおかまいなしに、ただやみくもに出会いを重ねていては、どうしてよい出会いを多くし、わるい出会いを少なくしていくことができるだろうか」(ドゥルーズ『スピノザ——実践の哲学』鈴木雅大訳、平凡社ライブラリー、二〇〇二年、四三-四四頁)。ここから、まさに〈出会い〉と〈喜び〉と〈よい〉に関わる対象概念を形成するという問題がはじめて意味をもってくるのです。
(42) スピノザ『エチカ』、第三部、定理二・備考。
(43) スピノザ『エチカ』、第五部、定理二九。
(44) 「人間精神は、身体とともに完全には破壊されずに、そのなかの永遠なるものが残存する」(スピノザ『エチカ』、第五部、定理二三)。
(45) ニーチェのブルクハルト宛ての手紙、一八八九年一月六日付。これは、ニーチェがトリノのカルロ・アルベルト広場で発作により昏倒した日から三日後の手紙です（ニーチェ『ニーチェ書簡集Ⅱ・詩集――ニーチェ全集　別巻2』塚越敏・中島義生訳、ちくま学芸文庫、一九九四年、「341　ヤーコプ・ブルクハルトへ」、二八六―二八八頁、参照）。
(46)「自然は、まるで矢でも放つかのように哲学者を人類のなかに打ち込んだ――狙いはつけずに、ただその矢がどこかに引っ掛かってくれることを願って」（ニーチェ『反時代的考察――ニーチェ全集4』小倉志祥訳、ちくま学芸文庫、一九九三年、第三部、七、三二一頁）。
(47)「名目的定義」(definitio nominati) と「実在的定義」(definitio realis) についての注。スピノザは第一に「定義」について次のように述べます。「定義が完全と言われるためには、事物の内的な本質を明らかにしなければならないでしょう。そして、本質の代わりに或る固有性を以ってすることのないように用心しなければならない」（スピノザ『知性改善論』畠中尚志訳、岩波文庫、一九六八年、七五頁）。つまり、定義は、つねに事物の本質についての定義であって、けっして事物の存在（実存）についての定義ではないということです。つまり、その定義される事物を、その存在（実存）上の性質、つまり固有性で以って定義してはならないということです。スピノザは、「円」を例にしてこの点を述べています。「円」の名目的定義――「円とは、中心から円周に引かれた諸線に相等しい図形である」。わかりやすく言い換えると、「円とは、一つの点から等距離にある点の集合である」ということになります。これは、スピノザによると、「こうした定義は少しも円の本質を明らかにせず、ただその或る特性を明らかにしているにすぎない」ということになります。これに対する「円」の実在的定義――「円とは、一方の端が固定し、他方の端が運動する任意の線によって描かれた図形である」（スピノザ『知性改善論』、七六頁）。なぜこの定義が実在的定義なのかと言うと、この定義には、定義されるものの発生の原因、つまり「最近原因」が含まれているからです（「最近原因」については、本書の注6を参照されたい）。すなわち、定義されるものが自らの発生的な要素によって実在的に（＝発生的に）定義されている場合、その定義は「実在的定義」あるいは「発生的定義」であると称されるわけです。では、円のこの実在的定義の場合、定義されるものの発生的要素あるいは最近原因は、何でしょうか。それは、「運動する線」になります。
(48) ピエール・クロソウスキー『ニーチェと悪循

環』兼子正勝訳、哲学書房、一九八九年、一三頁。
(49)マルティン・ハイデガー『ニーチェ(上)――ハイデッガー選集 24』細谷貞雄訳、理想社、一九七五年、八七頁。
(50)柄谷行人「個別性と単独性」、季刊『哲学』0号所収、哲学書房、一九八七年、九八‐一〇三頁、参照。ただし、引用に際して「男」と「女」という言葉を入れ換えたところがあります。
(51)J. Kearns and K. Newton, "An Interview with Jacques Derrida" in *The Literary Review 14* [18 April 1 May 1980], pp.21-22.
(52)ヴァンサン・デコンブ『知の最前線――現代フランスの哲学』高橋允昭訳、TBSブリタニカ、一九八四年、二〇一‐二〇三頁、参照。この邦訳のタイトルは、一九八〇年代当時の日本の思想状況を反映したものである。しかし、本書の原題は、『同じものと他なるもの』(*Le même et l'autre*)であり、きわめて重要な考察が含まれています。
(53)イマヌエル・カント『純粋理性批判』篠田英雄訳、岩波文庫、一九六一年、A643＝B671、中巻、三〇五・三〇六頁、参照。カントは、カテゴリーの使用法を正当な使用と不当な使用とに区別しました。その正当な使用とはカテゴリーを可能的経験において適用することであり、また、その不当な使用とはその経験の限界を超えて使用することです。これについて、ドゥルーズ＝ガタリは次のように述べています。「カントが自ら批判的革命と呼んでいた事柄において提起していたのは、意識の諸総合の正当な使用と不当な使用を区別するために認識に内在する諸規準を発見することである。それゆえ、カントは、超越論的哲学(諸規準の内在)の名において、形而上学にみられるような諸総合の超越的使用を告発したのである」(ドゥルーズ＝ガタリ『アンチ・オイディプス』宇野邦一訳、河出文庫、二〇〇六年、上巻、一四六頁)。ここから、ドゥルーズ＝ガタリ自身の哲学の、一つの本質的な側面を明確に規定することができます。それは、彼らの哲学が、無意識の諸総合の正当な使用と不当な使用を区別するために欲望に内在する諸規準を見出すことにあったということです。カント哲学にとっての悪しき形而上学とはいったい何だったでしょうか。それは、意識の総合を感性の対象にけっしてならないようなものにまで適用して、その対象についての認識の成立を前提とするような思考の体制のことです。これと同様に、ドゥルーズ＝ガタリにとっては、無意識の諸総合の不当な使用において成立する思考の体制とは、まさに精神分析を意味していました。要するに、カントが〈意識−認識〉における諸総合の正当な使用、つまり内在的使用を発見したのに対して、ドゥルーズ＝ガタリの哲学においては、まさに〈無意識−欲望〉における諸総合の内在的使用が探求されたわけです。
(54) ドゥルーズ『ニーチェと哲学』、第三章、6「意志の哲学のための諸原理」、一七一−一七六頁、を参照。
(55) ニーチェ『ニーチェ全集　第九巻（第Ⅱ期）遺された断想（一八八五年秋−八七年秋）』、1［一二〇］。
(56)「カントは、なるほど認識への偽りの自負心を告発するが、認識することの理想そのものを疑問に投入することはない。彼は、偽りの道徳を告発するけれども、道徳性という思い上がりそのものを、またそうした価値の性質や起源を疑問に付すことはない。彼は、われわれがさまざまな領域を、そして関心を混同した点を非難する。しかし、それらの領域は、無傷なままとどまり、理性の諸々の関心（真の認識、真の道徳、真の宗教）は、神聖なまま残されている」（ドゥルーズ『ニーチェ』湯浅博雄訳、ちくま学芸文庫、一九九八年、三八−三九頁）。
(57) ドゥルーズ『スピノザ——実践の哲学』、三二頁。
(58) スピノザ『エチカ』、第四部、序言、参照。また、同様の、res per se considerata, res per se spectata, 等のスコラ哲学上の表現と、カントの物自体における、Ding an sich selbst betrachtet との関連については、Gerold Prauss, *Kant und das Problem der Dinge an sich*, Bouvier, 1974, pp.19-20 を参照。
(59) ニーチェ『ニーチェ全集　第十一巻（第Ⅱ期）遺された断想（一八八八年初頭−八八年夏）』氷上英廣訳、白水社、一九八三年、14［七九］。
(60) ニーチェ『ニーチェ全集　第九巻（第Ⅱ期）遺された断想（一八八五年秋−八七年秋）』、7［六〇］。
(61) ジャン・グラニエ『ニーチェ』須藤訓任訳、文庫クセジュ、白水社、一九九五年、六二頁。
(62) Jean Granier, *Le problème de la Vérité dans la philosophie de Nietzsche*, Seuil, 1966, p.316.
(63) ニーチェ『ニーチェ全集　第九巻（第Ⅱ期）遺された断想（一八八五年秋−八七年秋）』、7［五四］。
(64) スピノザ『エチカ』、第二部、定理四九・証明。
(65) ドゥルーズ『ニーチェと哲学』、一九〇頁。
(66) スピノザ『エチカ』、第二部、定理四八。

(67) ニーチェ『道徳の系譜――ニーチェ全集　11』、「序言」、六、三六七頁。
(68) ニーチェ『偶像の黄昏――ニーチェ全集　14』原佑訳、ちくま学芸文庫、一九九四年、「四つの大誤謬」、七、六五－六六頁。
(69) ニーチェ『ニーチェ全集　第十一巻（第Ⅱ期）遺された断想』、15［三〇］。
(70) フェリックス・ガタリ『三つのエコロジー』杉村昌昭訳、平凡社ライブラリー、二〇〇八年、参照。また、初期ストア派の「非物体的なもの」という概念に基づいて、ガタリによって意味や価値の連続的変化のカテゴリーにまで仕上げられた「非物体的領界（U）」と、こうした非物体的な変形を自らの精神とする主観性の産出との関係については、拙論「気象とパトス――〈分裂分析的地図作成法〉の観点から」、『現代思想・特集――ポスト三・一一のエコロジー』、青土社、二〇一一年、一一月号所収、七八－八七頁、を参照ください。
(71) スピノザ『エチカ』、第二部、定理四九。
(72) スピノザ『エチカ』、第三部、定理二・備考。
(73) スピノザ『エチカ』、第二部、定理四八。
(74) ドゥルーズ『スピノザ――実践の哲学』、一二七頁。こうした「無差別的自由」は神の擬人化であり、また「啓蒙的自由」は今度は人間による人間自身の擬人化であると言えるでしょう。前者は単に〈人間的〉であるが、後者は〈あまりに人間的〉である。さらに後者は、ミシェル・フーコーが言うような人間の誕生とその死との間に張り渡された綱であり、ニーチェにおける「最後の人間」が渡るべき綱であるが、現代の人間はまだこうした最後の人間にさえなっていないのではないでしょうか。
(75) スピノザ『エチカ』、第二部、定理四九・備考、参照。
(76) スピノザ『エチカ』、第二部、定理四九・備考、参照。
(77) スピノザ『エチカ』、第二部、定理三五。
(78)「否定的ニヒリズムは反動的ニヒリズムにとって代わられ、反動的ニヒリズムは受動的ニヒリズムに至る。神から神の殺害者へ、神の殺害者から最後の人間へ」（ドゥルーズ『ニーチェと哲学』、二九六頁）。
(79) スピノザ『エチカ』、第一部、付録。
(80) スピノザ『エチカ』、第二部、定理四九・備考。
(81) ニーチェにおいて、「最後の人間」（＝受動的消滅）と「滅びることを意志する人間」（＝能動的破壊）とを区別することは、実はツァラトゥストラが愛する重要な差異です。「私が愛するのは、力能の意志の認識根拠としてのニヒリズムを用いるが、しかし人間が乗り超えられ、したがってニヒリズムが克服されるような存在根拠を力能の意志のうちに見出す者である」(ドゥルーズ『ニーチェと哲学』、三三八頁)。
(82)「ブリダンの驢馬」とは、以下のような話です。驢馬には自由意志がないから、もし驢馬が自分から等距離にある二つの同じ食べ物の間(平衡状態)に置かれたなら、その驢馬は、どちらかを選ぶことができずに餓死するであろう。この話を用いて、人間には自由意志があるのでこういうことにはならないのだ、というのが自由意志を知性とは異なる能力であると考える人々の意見です(スピノザ『エチカ』、第二部、定理四九・備考、参照)。
(83)スピノザ『エチカ』、第二部、定理四九・備考。
(84)ドゥルーズ『ニーチェと哲学』、二八九頁。
(85)ドゥルーズ『ニーチェと哲学』、二八九-二九〇頁。
(86)ドゥルーズ『ニーチェと哲学』、三一八頁。
(87)ドゥルーズ『記号と事件——1972-1990年の対話』宮林寛訳、河出文庫、二〇〇七年、一八-一九頁。
(88)スピノザ『エチカ』、第四部、定理三二・備考。
(89)スピノザ『エチカ』、第三部、定理五五、系・備考。
(90)「このようにして、完全および不完全とは、実は思惟の様態にすぎない。すなわち、われわれが同じ種あるいは類に属する個体を相互に比較することによって作り出すのを常とする概念にすぎない」。私たちは、物を相互に比較して、「或る物を他の物よりも多く存在者性あるいは実在性を有することを認める限り、その限りにおいてわれわれは或る物を他の物よりも完全であると言い、またそれらの物に限界、終局、無能力などのような否定を含む或るものを帰する限り、その限りにおいてわれわれはそれらの物を不完全と呼ぶのである」(スピノザ『エチカ』、第四部、序言)。
(91)スピノザ『エチカ』、第二部、定義六。
(92)ミシェル・フーコー『カントの人間学』王寺賢太訳、新潮社、二〇一〇年、一六一頁。
(93)ニーチェ『ツァラトゥストラ——ニーチェ全集 9』吉沢伝三郎訳、ちくま学芸文庫、一九九三年、上巻、第二部、「至福の島々で」、一五一頁。

あとがき

〈一人でも多くの人に読んでもらいたい〉、これが本書を書く際の、私の確固たる理念でした。

そして、きわめて個人的なことですが、〈愛するこの人にも読んでもらえるような本を書きたい〉という情動が本書を書こうと思った最大の原因でした。


私が今まで書いてきた著作や論文のなかには、ほとんど日常的な事例はありません。しかし、それは、実は当然のことでもありました。というのも、私が研究し展開し形成しようとしてきた哲学は、何よりも表象と道徳的な思考にけっして依拠しないような哲学だったからです。

こうしたイメージなき思考を徹底していった結果、私は、何と小説が読めなくなってしまいました。正確に言うと、一頁を読むのに一〇分もかかってしまいます。というのも、読んでいて、それ以前の場面や人物といった表象像を維持できなくなってしまい、絶えず前の頁にもどらなくてはならないからです。そういった意味で、読むことができなくなったのです。

しかし、私は、それでいいと思っています。イメージや記号を頭のなかに浮かべて、それを一般的に語るような思考ではなく、イメージのない思考が何をいかにして言語的に構成し伝えうるのか、といった問いのなかにこそ哲学があると信じているからです。

そして、こうした思考上の営みそのものが、実は倫理学そのものであるということにも徐々に気づくようになりました。あるいは、こうした倫理学こそがまさに哲学そのものである、と。本書の問題を構成する、とくにスピノザ、ニーチェ、ドゥルーズといった反道徳主義的な思考こそが、まさにそうした倫理作用のもとで偉大な哲学を形成していったのだとはっきりと言うことができます。

たしかに事例は、あくまでも単なるサンプルであり、したがって個別性であり、既存の概念の一般性を超え出るようなものではまったくありません。

しかしながら、それでも私は、大学での実際の講義や演習、あるいは公開講座や市民講座、カルチャーセンターなどでは、聴講生や受講者の人たちに少しでも理解可能になるようにと、多くのアナロジーや事例、そしてそれらに依拠した見解をつねに用いていました。それは、〈より多くの人に〉という意識が絶えずあったからです。

そして、講義や講座だけでなく、文字においても、一人でも多くの人にこうした倫理作用に関する事柄を伝えなければならないと考えたときに、事例を用いて効果的に、しかしその本質的な事柄について問題提起できるような書物を書きたいと思うようになりました。

本書を通して、道徳と倫理との違いを少しでも理解していただければ、著者としてこれほど幸せなことはありません。


本書の内容の一部は、二〇一二年度の前期に早稲田大学法学部で、またその後期に日本女子大学でおこなった講義のための草稿をもとにしています。両大学で、熱心に私の講義に耳を傾けてくれた学生に感謝します。

また、本書では、以下に挙げる論文や論考のなかの議論を部分的に用いています――「出来事の〈エチカ〉序説――遠近法主義の観点から」(『人文学報』第三二四号所収、東京都立大学人文学部、二〇〇二年、八七-一一〇頁)、「倫理学の実験――心身の創造的並行論について」(『国士舘哲学』第十号所収、国士舘大学哲学会編、二〇〇六年、一-二〇頁)、「ニーチェと生活法」(『ニーチェ入門――KAWADE道の手帖』所収、河出書房新社、二〇一〇年、一一二-一二二頁)、「虚偽としての〈原発-意志〉――意志ほど愚鈍(判断力のない)なものはない」(『歴史としての3・11』所収、河出書房新社、二〇一二年、一四一-一五〇頁)。

最後に、河出書房新社の阿部晴政氏には、本書でも大変お世話になりました。「こんな本を書きたい」という私の提案を、阿部さんは快く承諾してくれました。心から感謝しています。また、今の私があるのは、いつも私を静かに見守ってくれたこの母、芙美子のおかげです。心からの感謝と深い尊敬の念をここに伝えたいと思います。
そして、最愛のこの人、美樹にも、ありがとうの言葉を心から贈りたいと思います。

二〇一三年一月
江川隆男

河出ブックス 053
超人《ちょうじん》の倫理《りんり》――〈哲学《てつがく》すること〉入門《にゅうもん》
2013年2月18日 初版印刷
2013年2月28日 初版発行
著者――江川隆男《えがわたかお》
発行者――小野寺優
発行所――株式会社河出書房新社
〒151-0051 東京都渋谷区千駄ヶ谷2-32-2
電話03-3404-8611(編集)/03-3404-1201(営業)
http://www.kawade.co.jp/
装丁・本文設計――天野誠(magic beans)
組版――株式会社キャップス
印刷・製本――中央精版印刷株式会社

Printed in Japan ISBN978-4-309-62453-2